4차 산업혁명
건설산업의 새로운 미래

4차 산업혁명
건설산업의 새로운 미래

빅데이터·인공지능·기술혁신이
가져올 건설산업의 기회와 위험

이상호(한국건설산업연구원장) 지음

THE FUTURE OF THE
CONSTRUCTION
INDUSTRY

RHK
알에이치코리아

| 프롤로그 |

4차 산업혁명,
건설산업의 새로운 미래를 연다

4차 산업혁명이라고 하면 흔히 첨단산업을 연상한다. 그런데 제조업 생산성을 획기적으로 높인 독일의 '인더스트리4.0'은 국가 차원의 4차 산업혁명 전략으로 평가받고 있다. 에어비앤비(Airbnb)는 숙박업을, 우버(Uber)는 택시업을 바꾼 4차 산업혁명의 선도기업이다. 이처럼 4차 산업혁명은 제조업, 숙박업, 택시업 같은 전통산업의 틀을 근본적으로 바꾸거나 획기적인 생산성 향상을 가져왔다.

스마트 디지털 기술을 활용한 전통산업의 혁신과 산업정책의 부활도 4차 산업혁명의 핵심적인 내용이다. 하지만 아직도 많은 사람들은 인공지능과 같은 첨단기술이나 스마트 시티 같은 상품을 중심으로 4차 산업혁명을 이해하고 있다.

4차 산업혁명의 개념이나 실체는 아직 명확하지 않다. 이 책은

4차 산업혁명이 무엇인지, 과거 세 차례에 걸친 산업혁명과 어떻게 다른지에 대한 논의에서부터 출발한다. 4차 산업혁명이 글로벌 건설산업을 어떻게 바꾸고 있으며, 우리 건설산업을 바꾸기 위해서는 어떻게 해야 할지를 제시하고 있다.

4차 산업혁명은 '혁명'에 강조점이 있다. 그 본질은 생산성 혁명이다. 스마트 디지털 기술을 기반으로 한 연결과 융합, 플랫폼을 활용한 경영 등은 과거와 다른 혁명적 변화다. 글로벌 건설산업에서도 4차 산업혁명은 먼 미래의 일이 아니다. '이미 와 있는 미래'다. 혁신적인 기술기반의 스타트업이 급증하면서 산업의 디지털 전환도 빠른 속도로 이루어지고 있다. 프로세스의 디지털화와 건설현장의 자동화나 공장 제작 및 조립방식도 확산되고 있다. 건설상품은 모두가 스마트 상품으로 바뀌고 있다.

우리 건설산업도 기술과 상품 측면에서는 4차 산업혁명을 맞이했다. 하지만 산업구조와 문화, 법·제도와 규제는 여전히 글로벌 스탠더드와 무관한 '갈라파고스 섬' 같은 상태다. 개발연대의, 산업화 초창기의 '분업과 전문화' 패러다임에 기반한 칸막이식 규제와 파편화된 계약제도가 지배하고 있다. 혁신적인 스타트업도 찾아보기 어렵고, 명실상부한 글로벌 종합건설업체도 없다. 생산성은 선진국의 3분의 1 수준에 지나지 않는다.

우리 건설산업도 디지털 전환을 통해 생산성 혁명을 추진해야 한다. '연결과 통합' 패러다임으로 산업구조와 법·제도를 획기적으로 바꿀 수 있는 새로운 건설산업정책을 수립해야 한다.

최대 고객인 정부는 스마트한 일류 발주자가 되어야 한다. 건설업체도 규제 탓만 할 일은 아니다. 공공에서는 안 돼도 민간에서는 된다, 국내에서는 안 돼도 해외에서는 된다는 적극적인 자세로 디지털 전환을 서두르고 가치사슬의 확장과 통합을 추진해야 한다.

4차 산업혁명이 모두에게 좋은 것만은 아니다. 앞서가는 나라, 앞서가는 산업이 더 큰 혜택을 볼 것이다. 그런데 독일·미국·일본 같은 선진국이 4차 산업혁명의 선도자라면 중국은 빠른 추격자이고, 우리는 '뒤처진 추종자' 수준이다.

또한 전 세계적으로 건설산업은 디지털화가 가장 뒤처진 산업이다. 거꾸로 뒤집어 본다면, 그렇기 때문에 우리 건설산업은 조금만 더 디지털화하더라도 생산성 향상의 가능성이 높다. 최근 들어 선진국 정부는 물론 글로벌 컨설팅 기관들도 건설산업의 생산성 향상에 많은 관심을 기울이고 있다.

4차 산업혁명은 우리 건설산업에서도 기술과 상품만이 아니라 프로세스와 관리시스템 및 비즈니스모델을 바꾸고 있다. 이 같은 변화는 일부분에 국한된 것이 아니라 건설 생태계 전체에 걸쳐 큰 파급효과를 미치고 있다. 4차 산업혁명은 우리 건설산업의 새로운 미래를 열어 줄 것이다.

이 책을 통해 4차 산업혁명과 글로벌 건설산업의 변화에 대한 체계적 이해의 수준이 조금이라도 높아졌으면 한다.

이 상 호

목 차

프롤로그 4차 산업혁명, 건설산업의 새로운 미래를 연다_ 5

PART 1 이것은 거대한 변화!

1장 | 4차 산업혁명, 왜 혁명인가? — 015
   1. 4차 산업혁명, 세계적 유행어가 되다 — 016
   2. 4차 산업혁명은 '혁명'이다 — 020
   3. 낮은 이해도, 담론과 리더십 부족이 문제다 — 024

2장 | 4차 산업혁명의 본질은 생산성 혁명이다 — 027
   1. 생산성 혁명, 있다? vs. 없다? — 028
   2. 생산성 혁명 사례는 많다 — 035

3장 | 기존의 산업혁명과는 다르다 — 039
   1. 4차 산업혁명은 스마트 디지털 혁명이다 — 040
   2. 4차 산업혁명은 연결혁명이다 — 044
   3. 4차 산업혁명은 융합혁명이다 — 049
   4. 4차 산업혁명은 경영혁명이다 — 054
   5. 4차 산업혁명은 글로벌 시스템 혁명이다 — 060

4장 | 4차 산업혁명이 가져올 위험 — 069
   1. 일자리 축소와 불균형 심화 — 070
   2. 불안과 갈등의 증폭 — 074

PART 2 · 한발 앞선 글로벌 건설산업

1장 | 글로벌 건설산업, 혁신이 필요하다 — 083
  1. 건설산업을 진단하다 — 084
  2. 왜 혁신이 필요한가? — 089
  3. 어떻게 혁신할 것인가? — 092
  4. 건설산업 속으로 들어온 디지털화 — 097

2장 | 글로벌 건설산업, 이렇게 바뀌고 있다 — 101
  1. 혁신적인 건설 스타트업이 급증하고 있다 — 104
  2. 건설산업의 디지털 전환이 이루어지고 있다 — 114
  3. 스마트 디지털 기술이 건설프로세스를 바꾸고 있다 — 121
  4. 공통의 플랫폼(BIM)이 널리 활용되고 있다 — 124
  5. 건설현장의 자동화가 급속하게 진전되고 있다 — 129
  6. 공장 제작 및 조립방식이 확산되고 있다 — 135
  7. 건설상품은 스마트 상품으로 바뀌고 있다 — 140
  8. 계약제도 혁신으로 협력 문화가 확산되고 있다 — 146
  9. 새로운 사업과 비즈니스모델이 확산되고 있다 — 151
  10. 건설투자와 건설일자리가 늘어나고 있다 — 155

3장 | 4차 산업혁명, 신 건설산업정책이 필요하다 — 161
  1. 어떤 나라를 벤치마킹할 것인가? — 162
  2. 건설산업정책으로 생산성을 높인 나라가 있다 — 165
  3. 4차 산업혁명에 걸맞게 정부 역할을 혁신하라 — 170

PART 3 틀에 갇혀 있는 한국 건설산업

1장 | '갈라파고스 증후군'을 앓고 있는 한국 건설산업　177
　1. 개발연대의 법·제도와 규제가 건설산업을 지배하고 있다　180
　2. 낮은 건설생산성이 지속되어도 대책이 없다　187
　3. 건설업체는 담합과 덤핑의 굴레를 벗어나지 못하고 있다　190
　4. 건설인력과 문화가 변화를 수용하지 못하고 있다　194

2장 | 혁신적인 건설 스타트업이 없다　197
　1. 건설 스타트업, 늘어난 게 없다　198
　2. 진입장벽을 넘기도 힘들고 유지하기도 어렵다　204
　3. 건설생산의 수직적 통합은 불가능하다　209
　4. 최대 고객이 기술을 요구하지 않는다　211

3장 | '분업과 전문화' 패러다임이 지배하고 있다　217
　1. 건설업종의 분화, 이렇게 이루어졌다　218
　2. 칸막이식 규제가 연결과 통합을 가로막고 있다　222
　3. 개념설계만이 아니라 설계·엔지니어링 역량 전체가 취약하다　228
　4. 파편화된 발주제도가 운영된다　235
　5. 건설생산체계는 규제의 늪이다　240
　6. 글로벌 종합건설업체(Global E&C Company)가 생길 수 없다　250

THE FUTURE OF THE CONSTRUCTION INDUSTRY

PART 4 한국 건설산업의 새로운 미래

1장 ǀ 건설산업의 패러다임을 바꿔라	**259**
1. '분업과 전문화'에서 '연결과 통합'으로	260
2. 과정에서 결과 중심으로	262
3. 부문별 개선에서 생태계 혁신으로	265
2장 ǀ 정부, 스마트한 일류 발주자가 되라	**269**
1. '최대 고객'으로서의 역할 인식이 중요하다	270
2. 글로벌 벤치마킹 대상은 많다	273
3. 건설규제와 계약제도의 틀을 바꿔라	277
4. 건설산업정책은 생산성 혁명을 추진하라	281
3장 ǀ 건설업체, 디지털 전환을 서둘러 추진하라	**287**
1. 경영혁명, 우리 건설업체는 불가능한가?	288
2. 디지털 전환을 서둘러라	291
3. 기술보다 사람과 시스템이 중요하다	295
4. 연결하고 통합하면서 가치사슬을 확장하라	299

에필로그   지금, 무엇이 중요한가?_ 303

PART
1

이것은
거대한 변화!

4차 산업혁명, 왜 혁명인가?

4차 산업혁명,
세계적 유행어가 되다

2016년 1월 다보스포럼 어젠다로 채택된 이래 '4차 산업혁명(4th Industrial Revolution)'은 전 세계적 유행어가 되었다. 사용한 지 얼마 되지 않은 단어여서 그런지 개념부터 혼란스럽다. 빅데이터, 인공지능, 3D 프린팅 같은 '기술'을 중심으로 4차 산업혁명을 설명하는가 하면, 자율주행차나 스마트 시티 같은 '상품'을 설명할 때도 4차 산업혁명이란 단어를 사용하기도 한다.

언제 시작되었는지에 대한 논란도 많다. 2011년 공식적으로 발의된 독일의 '인더스트리4.0(Industrie4.0)'[1]을 시발점으로 보는 사람도 있고, 3차 산업혁명의 연장선에 불과하기 때문에 아직까지 4차 산업혁명은 없다는 사람도 있다.

산업혁명의 시기 구분

세계경제포럼(WEF) 회장인 클라우스 슈밥(Klaus Schubab)은 산업혁명의 시기를 이렇게 구분했다.[2] 1차 산업혁명은 1760~1840년경 증기기관 발명과 철도 건설을 바탕으로 기계에 의한 생산이 이루어진 시기다. 2차 산업혁명은 19세기 말~20세기 초 전기와 생산조립 라인의 출현으로 대량생산이 이루어진 시기다. 3차 산업혁명은 1960년대에 반도체와 컴퓨터 및 인터넷이 주도했다. 4차 산업혁명은 21세기의 시작과 동시에 출현한 것으로 유비쿼터스 모바일 인터넷, 센서, 인공지능 등을 특징으로 한다.

이 같은 산업혁명 시기 구분에 모두가 동의하는 것은 아니다. 또한 동일한 사안을 두고 다른 단어를 사용하다 보니 혼란을 주는 경우도 있다. 미래학자 제러미 리프킨(Jeremy Rifkin)이 말하는 '3차 산업혁명'이 그런 경우다.[3] 리프킨은 3차 산업혁명의 5가지 핵심요소를 제시했는데, 그 중 화석연료에서 재생에너지로의 전환과 스마트 그리드(Smart Grid)[4] 구축을 강조하고 있다.[5] 이런 리프킨의 '3차 산업혁명론'은 오늘날 4차 산업혁명에서 논의하고 있는 에너지 관련 이슈의 일부다. 따라서 리프킨이 말하는 3차 산업혁명은 사실상 4차 산업혁명에 대한 부분적인 설명으로 볼 수 있다.

　독일의 '인더스트리4.0'이 공식적으로 발의된 해가 리프킨의 책이 출간된 연도와 같은 2011년이다. '인더스트리4.0'을 주도한 독일 전문가들도 리프킨이 말하는 3차 산업혁명을 눈여겨본 것 같다. 하지만 리프킨과 달리, 재생에너지는 산업의 패러다임을 바꾼다기보다 새로운 비즈니스모델이 생겨난 정도로 인식했다. 또한 독일 전문가들은 3차 산업혁명이 자동화에서 시작했지만 사물인터넷(IoT: Internet of Things)과 연계되면서 더 큰 변화가 발생하는 것을 목도했다. 그 변화가 너무 컸기 때문에 '4차 산업혁명(Industrie4.0)'이라고 부르게 되었다.[6]

2007년, 기술적 변곡점의 해

　4차 산업혁명의 기원과 관련하여 미국의 언론인 토머스 프리드먼(Thomas Friedman)은 주목할 만한 주장을 했다. 현재 인류는 역사상 가장 큰 변화의 시대를 겪고 있는데, 기술적 변곡점에 해당하는 해가 2007년이라는 것이다.[7] 아이폰이 탄생한 해가 2007년이다. 페이스북은 2006년 9월 13세 이상의 이메일 주소를 가진 모든 사람들에게 사이트를 개방했다. 트위터는 2007년 자신만의 별도 플랫폼으로 떨어져 나와 급성장하기 시작했다. 구글은 2006년 말 유튜브를 인수했고, 2007년 안드로이드를 출범시켰다. 아마존은

2007년 전자책 혁명을 가져온 킨들을 출시했다. IBM의 왓슨연구소는 2007년 왓슨이란 이름의 인지컴퓨터를 만들기 시작했다. 또한 2007년은 태양에너지, 풍력, 바이오 연료와 같은 청정에너지 혁명의 해였다. LED조명이나 전기 자동차 분야의 가속적인 발전이 시작된 해이기도 했고, DNA 염기서열 분석 비용이 크게 떨어진 해다.

이처럼 수많은 기술적 변화가 이루어졌지만, 정작 2007년에는 그 변화를 눈치채지 못했다. 그 이유는 2008년 발생한 글로벌 금융위기에 있다. 전 세계 경제가 위기에 처하다 보니 기술의 눈부신 변화를 제대로 인식하지 못했다는 것이다. 4차 산업혁명의 시발점과 관련해서는 이 같은 토머스 프리드먼의 '2007년설'이 설득력 있어 보인다.

사회현상에 대한 명료한 개념화나 체계적인 설명은 시간이 한참 지난 뒤에야 이루어진다. 1차, 2차, 3차 산업혁명도 발생 시점에서 그 변화에 대한 설명이 완성된 것은 아니다. 장기간에 걸쳐 방대한 변화가 축적되면서 개념과 특징이 정리되어 왔다. 4차 산업혁명도 마찬가지다.

4차 산업혁명은 '혁명'이다

    4차 산업혁명은 '4차' 혹은 '산업'이 아니라 '혁명'에 강조점이 있다. 점진적이 아니라 급격한 변화, 피상적이고 부분적인 변화가 아니라 근본적이고 총체적인 변화, 과거와 질적으로 다른 변화가 이루어질 때 '혁명(revolution)'이란 단어를 쓴다. 오늘날 우리가 목도하고 있는 변화는 3차 산업혁명의 연속선상이 아니다. 너무나 빠른 변화이고, 과거와는 질적으로 다른 변화이며, 파급효과도 매우 광범위하고 크다. 그렇기 때문에 4차 산업혁명은 문자 그대로 '혁명'이다.

가속의 시대, 기하급수적 성장

클라우스 슈밥도 4차 산업혁명이 속도, 규모와 범위, 시스템 충격 측면에서 3차 산업혁명과 너무 큰 차이가 있다[8]고 지적했다. 기술발전 속도, 연결 속도, 기업 성장 속도 등 모든 측면에서 토머스 프리드먼이 말하는 '가속의 시대'가 열렸다. 마이크로 칩의 성능이나 용량만 급속하게 발전한 것이 아니다. 인공지능, 센서, 로봇, 나노기술 등 수많은 기술들이 짧은 기간에 눈부신 발전을 거듭하고 있다. 사람과 사람, 사람과 기기, 기기와 기기의 연결 또한 놀라운 속도를 보이고 있다.

1984년에 인터넷에 연결된 기기는 1,000개에 불과했다. 1992년에는 100만 개로 늘더니, 2008년에는 100억 개, 2020년에는 500억 개가 될 것이라고 한다. 라디오는 청취자가 5,000만 명이 되는 데 30년이 걸렸지만, 2007년에 나온 스마트폰을 미국인 절반이 사용하는 데는 5년 밖에 걸리지 않았다. 2009년에 15만 개에 불과했던 아이폰의 응용프로그램은 2014년에는 120만 개로 늘었다. 페이스북은 도입 첫해 사용자가 600만 명이었지만 5년간 사용자 수가 100배 늘었다.[9]

기술의 발전이나 보급 속도만 빨랐던 것이 아니다. 기업 성장도 기하급수적이었다. '유니콘(Unicorn)'이라고 부르는 기업가치 10억 달러 이상인 신규 창업기업(Start-Ups)도 2014년에는 45개에 불과했지만, 2017년 9월에는 215개로 늘었다. 애플이나 구글 같은 플랫폼 기업들의 성장 속도도 기하급수적이었다.

4차 산업혁명의 파급 효과

아날로그(analog)와 디지털(digital)의 차이만큼이나 3차 산업혁명과 4차 산업혁명은 질적으로 다르다. 아날로그는 어떤 수치를 연속적인 방법으로 나타낸 것이다. 연속적이라고 해도 각각의 수치는 그 중간에 해당하는 어중간한 값이 존재한다. 반면 디지털은 0과 1, 흑과 백, On과 Off처럼 그 중간에 어중간한 정보가 없다는 점에서 아날로그와 확실하게 차별화된다.

2000년대에 들어서면서 거의 대부분의 아날로그 기기들은 디지털 기기로 바뀌었다. 4차 산업혁명은 기본적으로 3차 산업혁명 시기에 시작된 디지털 혁명에 기반한 것이다. 하지만 단순한 디지털 혁명이 아니라 '스마트(smart)' 디지털 혁명이란 점에서 3차 산업혁명과 차별화된다. 또한 독립적이던 수많은 디지털 기기들이 센서와 네트워크로 연결되는 '연결혁명'이 이루어졌다. 가상과 현실, 기술과 기술, 기술과 산업, 산업과 산업이 융합되는 '융합혁명'도 4차 산업혁명의 중요한 특징이다. 비즈니스모델도 플랫폼에 기반하여 '규모의 공급경제'에서 '규모의 수요경제'로 전환되면서 '경영혁명'이 이루어졌다.[10]

4차 산업혁명의 파급효과는 개인, 기업, 산업, 정부에 국한된 것이 아니다. 글로벌 정치와 경제 및 사회문화 시스템 전반에 큰 변화를 가져왔다. 2007년에 아이폰이 출현한 뒤 10여 년 만에 개개인의 생활이나 경제행위 자체가 얼마나 바뀌었는지를 생각해 보라. 4차 산업혁명의 특징인 스마트 디지털 혁명, 연결혁명, 융합혁명, 경영혁명은 제조업만이 아니라 농업·서비스업을 비롯한 모든 기업과 산업영역으로 급속하게 확산되고 있다.

낮은 이해도, 담론과 리더십 부족이 문제다

    4차 산업혁명이 '혁명'임을 인정한다고 해도, 그 실체를 한마디로 요약하기는 어렵다. '장님 코끼리 만지기식'의 설명이 분분하다. 제각각 코끼리의 다리, 귀, 꼬리를 만져 본 파편화된 소감만으로 전체 모습을 상상하기는 쉽지 않다. 하지만 코끼리를 그리기 어렵다고 해서 코끼리가 없는 것은 아니다. 코끼리는 있다.

    4차 산업혁명도 마찬가지다. 4차 산업혁명에 대한 수많은 설명과 다양한 해석이 있고, 이들이 일치하지 않는다고 해서 4차 산업혁명이 없는 것은 아니다. 꼭 2007년이 아니라고 해도 2000년대 초반부터 수많은 과학기술의 혁신이 이루어졌고, 그 결과 전 세계의 정치·경제·사회 체제 전반에 혁명적 변화가 관찰되고 있다. 그렇기 때문에 4차 산업혁명은 있다.

혼돈 속 4차 산업혁명

4차 산업혁명 논의를 촉발시킨 클라우스 슈밥은 2가지 문제를 우려했다.[11] 하나는 4차 산업혁명에 대응해야 할 정치·경제·사회 체제의 '리더십과 이해도' 수준이다. 다른 하나는 일관성 있고 긍정적이면서 보편적인 '담론의 부족' 문제다. 그러다 보니 아직도 '4차 산업혁명은 없다'거나 '3차 산업혁명의 연장선상에 불과하다'는 사람들이 있다.

최근 들어서는 4차 산업혁명에 어떻게 대응해야 할지 몰라 우왕좌왕하는 사례도 많다. 2017년에 불어닥친 전 세계적인 '암호화폐 광풍(crypto frenzy)'을 둘러싸고 규제를 해야 할지 말아야 할지, 또 규제를 한다면 어느 수준까지 해야 할지 갈팡질팡한 사례가 대표적이다. 이런 혼란은 4차 산업혁명에 대한 이해도가 부족하고, 담론이 부족하고, 행동해야 할 주체들의 리더십이 미약하기 때문이다.

4차 산업혁명은 미래에 올 무엇이 아니다. '이미 와 있는 미래'다. 혁명적 변화는 오래 전에 시작되었지만, 최근에 와서야 이 변화에 대한 논의가 본격화되고 있는 것이다. 지금은 무엇보다 먼저 4차 산업혁명에 대한 이해도를 높여야 한다. 앞으로 4차 산업혁명을 어떻게 끌고 나가야 할 것인지에 대한 담론도 필요하다. 정부든 기업이든 4차 산업혁명에 적응하거나 선도하기 위해서는 리더십을 발휘해야 한다.

이미 와 있는 미래

4차 산업혁명의 물결을 피해갈 수 있는 산업부문은 없다. 선도하는 산업이 있는가 하면, 적응속도가 느린 산업도 있다. 전자나 정보통신산업은 4차 산업혁명의 기반산업이면서 선도하는 산업이다. 제조업도 적응속도가 대단히 빠르다. 반면 건설산업은 변화가 가장 늦다. 하지만 적응속도가 느린 것이지 아무 변화가 없는 것은 아니다. 이미 드론, 3D 프린팅, 로봇, 인공지능(AI)과 같은 4차 산업혁명의 핵심 기술들이 건설산업에 부분적으로 활용되고 있다.

4차 산업혁명은 건설산업의 위기이기도 하고 기회이기도 하다. 우리 건설산업은 아직도 '분업과 전문화'라는 산업화 초창기의 낡은 패러다임에 갇혀 있다. '연결과 통합'이라는 4차 산업혁명의 새로운 패러다임을 수용해야 한다. 그래야 생산성 혁명을 기대할 수 있다. 새로운 패러다임의 수용은 스마트 디지털 기술의 도입만으로 가능하지 않다. 법·제도와 문화를 포함한 총체적인 산업구조의 혁신이 뒷받침되어야 한다.

2

4차 산업혁명의 본질은 생산성 혁명이다

생산성 혁명, 있다? vs. 없다?

    4차 산업혁명도 그 본질은 생산성 혁명이다. 과거 산업혁명은 1차 증기기관, 2차 전기와 조립 라인 및 분업에 의한 대량생산, 3차 전자공학과 정보기술(IT)을 이용한 자동화를 통해 생산성 혁명을 가져왔다.

    4차 산업혁명을 선도하고 있는 독일과 미국의 제조업 생산성은 얼마나 향상되었을까? 제조·공정상의 혁신과 제품 기획, 신모델 개발과 시제품 제작, 공급사슬관리(SCM), 판매제품에 대한 원격관리 등으로 약 15~25% 가량 비용절감 또는 수익성 제고 효과를 거두고 있다.1 독일 뮌헨에 있는 유럽 최대 컨설팅 기관인 롤랜드 버거(Roland Berger)의 평가도 비슷하다. 스마트 공장 설립을 통해 독일 제조업체들은 제조, 물류, 재고, 품질, 복잡성, 유지보수 등과 관련하여 10~20% 가량 비용절감이 가능하다고 한다.2 그런데 10~20% 정도의 비용절감 효과를 가지고 '혁명'이라고 떠들 수 있을까? "4차 산업혁명은 없다"고 주장하는 사람들의 논거도 여기에 있다.

의견1. 생산성 혁명은 없다

미국의 경제학자 로버트 J. 고든(Robert J. Gordon)의 주장을 보자. 고든은 한글번역본으로 무려 1,000페이지가 넘는 방대한 저서에서 미국의 남북전쟁 이후 100년간에 걸친 경제사를 기술하고 있다.3 미국은 19세기 후반에 위대한 발명이 집중적으로 나타났고, 그 결과 1920~1970년에 획기적인 생산성 향상과 경제성장이 이루어졌다.4 이 시기에 노동과 자본투입량에 비해 얼마나 생산성이 빨리 늘어나는지를 측정하는 척도인 '총요소생산성(TFP: Total

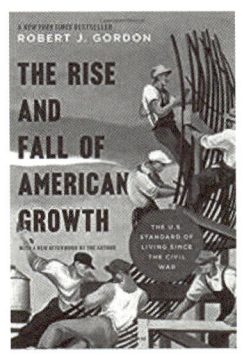

2017년 8월 미국에서 출간되어 큰 반향을 불러 온 책. 국내에는 《미국의 성장은 끝났는가》 제목으로 출간되었다.

Factor Productivity)'의 연평균 성장률은 1.89%였다. 하지만 1970~2014년의 연평균 성장률은 0.64%로 3분의 1 수준으로 줄었다. 1920~1970년에 생산성이 크게 향상된 이유는 2차 산업혁명의 결과로 우리 생활의 모든 부분이 획기적으로 변화되었기 때문이다.

반면 컴퓨터나 인터넷의 발명에 따른 3차 산업혁명의 영향은 현저히 줄었다. 그마저도 1994~2004년 10년 동안만 정보통신기술과 엔터테인먼트라는 협소한 몇몇 부문의 혁신에 힘입어 총요소생산성이 연평균 1.03% 증가하는 반짝효과를 보였다.[5]

비록 3차 산업혁명이 정보를 수집하고 소통하는 방식을 완전히 바꾸어 놓긴 했지만, 2차 산업혁명처럼 인간생활의 전 영역에 걸친 혁신은 아니었다. 또한 심화된 불평등, 정체된 교육, 고령화된 인구, 재정악화 등도 생산성 향상의 혜택을 공정하게 배분하는 데 장애요인이 되었다. 한걸음 더 나아가 고든은 인공지능(AI)이 눈부신 생산성 향상을 가져올 것이라는 주장은 '테크노 낙관론자'들의 견해일 뿐이며 사실과 다르다고 반박한다. 과거 10년간 거시경제에 미친 로봇이나 인공지능의 영향은 대단치 않았고, 경제의 여러 분야에서 인간과 기계의 상호작용은 그 변화가 느렸다는 것을 강조한다.

100년 동안에 걸친 미국 생산성에 관한 고든의 역사적 고찰은 사실적 근거가 있다. 하지만 4차 산업혁명이 촉발하게 될 미래의 생산성 향상에 대한 전망은 수긍하기 어렵다. 4차 산업혁명은 아직 초기단계에 불과하기 때문이다. 4차 산업혁명의 핵심 기술 중 하나가 인공지능이지만, 인공지능의 수준이나 활용도를 보면 지금까지 생산성에 큰 영향을 미칠 수 없었다.

의견 2. 생산성 혁명은 있다

최근 우리나라에서 인공지능으로 많은 화제가 되었던 것이 바둑이다. 구글은 2014년에 영국의 인공지능회사 딥마인드(Deep Mind)를 인수하여 '알파고 리(AlphaGo Lee)'를 개발했다. '알파고 리'는 2016년에 한국의 바둑기사 이세돌 9단과의 대결에서 4대 1로 이겼다. 약 1년 뒤 '알파고 리'에서 한 단계 더 진보한 인공지능인 '알파고 마스터'는 세계 1위 바둑기사인 중국의 커제를 상대로 3대 0으로 완승을 거두었다. 2017년에는 여기서 더 발전된 인공지능 '알파고 제로'가 개발되었다. '알파고 제로'는 이세돌을 이긴 '알파고 리'와는 100대 0, '알파고 마스터'와는 89대 11로 압승을 거두었다. 불과 2년 만에 인공지능은 바둑에서 더 이상 대적할 인간이 없을 정도로 눈부시게 발전했다.

그런데 바둑분야에서 인공지능이 놀라운 성취를 거두었다고 한들 경제의 총요소생산성(TFP)에는 무슨 영향을 줄 수 있었겠는가? 별 영향이 없다. 만약에 인공지능의 발전속도가 기하급수적이면서 경제와 사회의 모든 영역으로 확산된다면 어떻게 될까? 분명 인공지능은 10년 뒤, 20년 뒤에도 바둑만 두고 있지는 않을 것이다. 당장 지금만 해도 인공지능은 개인비서 역할도 수행하고, 사투리도 알아듣고, 전자제품을 비롯한 온갖 제품과 산업영역으로 급속히 확산되고 있다. 인공지능의 수준과 활용도 자체가 기하급수적으로 성장하고 있다. 그렇기 때문에 지금까지 인공지능이 생산성에 미치는 영향이 미미했다는 것은 협소한 분야에 시범적으로 적용된 초기 상황에 대한 설명일 뿐이며 미래에 대한 예측은 될 수 없다.

고든의 책에서도 과거 2차와 3차 산업혁명의 생산성 향상 효과는 한참 뒤에서야 나타났다. 19세기 말에 시작된 2차 산업혁명으로 획기적인 생산성 향상을 거둔 시기는 1920~1970년이다. 1970년 이후의 3차 산업혁명에 따른 생산성 향상 효과는 1994~2004년에 나타났다. 이처럼 2차와 3차 산업혁명에 따른 획기적인 생산성 향상 효과는 모두 한 세대가 지난 약 30년 뒤에 나타났다. 4차 산업혁명의 시발점을 2007년으로 본다면 이제 겨우 10년이 지났을 뿐이다. 지금처럼 기하급수적인 속도로 기술발전이 이루어진다면, 앞으로 20년 뒤의 생산성은 획기적으로 향상될 가능성이 높다.

4차 산업혁명이 아직 초기다 보니 새로운 과학기술 혁명이 적용되는 영역도 좁다. 지난 10년간 미국 경제도 새로운 기술을 대거 채택했지만, 아직까지 디지털 기술의 잠재력은 18%밖에 활용하지 못하고 있다.[6] 독일에서조차 2015년에 '인더스트리4.0'이란 용어를 알고 있는 독일 기업은 18%에 불과했다.[7] 미국과 독일의 제조업이 4차 산업혁명으로 10~20%가량 생산성 향상이 있었다 해도,

2014년 기준 미국의 제조업이 국내총생산(GDP)에서 차지하는 비중은 12.0%, 독일은 22.3%에 불과했다.[8] 이처럼 GDP의 10~20% 수준에 불과한 제조업에서 10~20% 정도의 생산성 향상이 이루어졌다고 한들 거시경제 전반에 걸친 생산성 향상의 증거로는 미약할 수밖에 없다. 하지만 제조업 외에 서비스업을 비롯한 산업 전반에 4차 산업혁명이 파급될 경우 전체 경제의 생산성은 급속하게 향상될 것이다.

생산성 측정 방법의 개선이 필요하다

새로운 과학기술의 발명이나 혁신도 경영혁명이나 제도혁명이 수반되어야 생산성 혁명이 가능하다. 토머스 프리드먼도 이 같은 맥락에서 고든의 비관론을 반박하고 있다.[9] 과거에도 새로운 과학기술이 발명되면 경영자와 노동자가 이런 기술을 흡수해야 하고, 정부규제를 새롭게 설계하는 등 고통스러운 조정과정을 거치면서 생산성을 높이는 데 30년씩 걸렸다는 것이다. 4차 산업혁명이 아직 초기다 보니 정치·경제·경영·사회·문화 등 연관된 부문이 새로운 혁명에 적응하지 못하고 있다. 하지만 법·제도를 비롯한 사회시스템이 4차 산업혁명에 적응되는 시점부터는 급격한 생산성 향상을 기대할 수 있다.

생산성을 측정하는 기존의 낡은 통계방법도 문제다.[10] 4차 산업혁명으로 생산된 재화와 서비스는 탁월한 기능과 품질에도 불구하고 비경합적인(non-rival) 특성을 갖고 있고, 한계비용이 없으며, 디지털 플랫폼을 통해 유통되기 때문에 실제 가격은 낮게 측정된다. 하지만 이런 재화나 서비스의 소비자 잉여(consumer's surplus)[11]는 총매출이나 수익증대에 반영되지 않는다. 다시 말해, 투입과 산출을 측정하여 생산성을 파악하는 기존의 방법으로는 4차 산업혁명의 생산성을 제대로 측정할 수 없다는 것이다. 만약 생산성 측정방법을 달리한다면, 4차 산업혁명의 생산성도 알려진 것보다 훨씬 더 높게 나올 수 있다.

생산성 혁명
사례는 많다

    3차 산업혁명 시기인 1980년대 후반 미국의 경제학자 로버트 솔로(Robert Merton Solow)는 "어디를 봐도 컴퓨터 시대를 실감할 수 있지만, 생산성 통계에서는 이 사실을 실감할 수 없다"고 비꼬았다.[12] 지금도 마찬가지다. 하지만 분석 수준을 달리해서 보면 결론도 달라진다.

    최근 10년간 경제 전체의 생산성이 크게 증가했다는 증거는 없다. 그런데 산업(industry) 차원에서는 다르다. 앞서 언급했듯이, 미국과 독일의 제조업 생산성은 10~20%가량 증가했다. 기업(company)이나 개별 공장(factory) 혹은 프로젝트(project) 차원에서는 더욱 놀라운 생산성 혁신 사례들이 보고되고 있다. 4차 산업혁명에 따른 생산성 증대효과는 요소기술에서 특히 두드러진다. 그 다음으로는 개별 프로젝트나 공장에서 생산성 향상이 이루어지고, 시간이 흐르면서 기업과 산업 및 거시경제 전반으로 생산성 혁명이 확산될 것이다. 실제 사례를 보자.

요소 기술 차원에서의 생산성 증가

'무어의 법칙'[13]이 말하듯 마이크로칩의 성능이 2년마다 2배씩 50년간 늘어난다면 어떤 일이 일어날까? 인텔이 드는 예는 이렇다. 1971년에 나온 인텔의 1세대 마이크로칩 인텔4004에 비해 2015년에 나온 6세대 칩의 성능은 3,500배, 에너지 효율성은 9만 배나 높지만, 생산비용은 약 6만분의 1이라고 한다.[14] 무어의 법칙에 비판적인 고든은 1975년부터 1990년까지는 정확히 2년에 2배였지만, 2006년 이후부터는 궤도를 벗어나 2배가 되는 시간이 늘어나 2014년에는 4년이라고 한다.[15] 비록 무어의 법칙이 적용되는 속도가 느려졌다고 해도, 기술적 측면에서 기하급수적 성장이 지속되고 있는 덕택에 우리는 각종 기계, 휴대폰, 컴퓨터와 소프트웨어를 더 작고, 값싸고, 빠르고, 똑똑하고, 효율적으로 만들어냄으로써 [16] 4차 산업혁명을 진전시키고 있다.

개별 공장 차원에서의 생산성 증가

개별 공장 차원에서는 산업 자동화 기기를 생산하고 있는 독일 지멘스(Siemens)의 암베르크 공장 사례가 유명하다. 이 공장은 1989년과 비교해 볼 때 공장 면적과 종업원 수는 동일하지만 연간 생산량은 150만 대에서 1,200만 대로 무려 8배 늘었다. 불량률은 100만 대당 500개에서 12개로 줄었다.

2013년에 베스트 플랜트상을 받은 미국의 할리데이비슨 공장사례도 유명하다. 이 공장에서는 생산현장과 IT시스템, 인력, 프로세스 혁신 등을 통해 오토바이 1대의 생산주기를 21일에서 6시간으로 단축했다.[17]

기업 차원에서의 생산성 증가

독일기업 보쉬(Bosch)는 '인더스트리4.0'의 선두주자로 손꼽힌다. 보쉬는 3단계 전략을 실행했다. 1단계는 인더스트리4.0 솔루션을 시범사업에 적용하고, 2단계는 개별적인 인더스트리4.0 솔루션을 결합하여 통합하며, 3단계는 글로벌 생산네트워크를 통해 여러 지역과 국가에 흩어져 있는 인더스트리4.0 공장을 통합하는 것이었다. 보쉬는 11개의 자동차용 차체 제어시스템 제조공장을 글로벌 생산네트워크로 통합한 결과, 5,000대 이상의 기계가 연결되면서 생산성은 25%나 늘었다고 한다. 이 같은 결과를 토대로 보쉬는 2020년까지 그룹 내부의 생산 및 제조과정에서 10억 유로를 절감하고, 전 세계 고객들에게 새로운 서비스를 제공하여 10억 유로의 매출을 올리겠다는 목표를 설정했다.[18]

4차 산업혁명이 시작되었지만 아직은 시범적인 몇몇 프로젝트나 공장 및 기업을 제외하고는 경제 전체의 생산성을 높이지 못했다. 하지만 미래의 어느 시점부터는 달라질 수 있다. 4차 산업혁명에 따른 생산성 향상이 미약하다는 주장은 지금까지의 상황에 대한 설명일 뿐 미래에 대한 예측이 아니다.

3

기존의 산업혁명과는 다르다

4차 산업혁명은
스마트 디지털 혁명이다

과학기술의 혁신이나 새로운 발명은 항상 산업혁명의 시발점이었다. 증기기관, 전기, 컴퓨터와 인터넷 발명은 과거 세 차례에 걸친 산업혁명의 시발점이자 원동력이었다. 4차 산업혁명을 이끌 과학기술 리스트는 연구자나 기관마다 다양하게 제시하고 있다.

한국전자통신연구원(ETRI)은 4차 산업혁명의 핵심 기술을 '네트워크' 기술인 사물인터넷(IoT), 클라우드, 유비쿼터스 모바일 인터넷, '지능정보' 기술인 인공지능(AI), 기계학습, 빅데이터 컴퓨팅, '실감화' 기술인 가상과 현실의 융합시스템(CPS: Cyber Physical

System), 오감 센싱, 홀로그램, 가상현실(VR), 증강현실(AR) 같은 차세대 정보통신기술(ICT)에다 '로봇' 기술, '생명과학' 기술 등을 꼽고 있다.[1]

클라우스 슈밥은 인공지능(AI), 로봇공학, 사물인터넷, 자율주행자동차, 3D 프린팅, 나노기술, 생명공학, 재료공학, 에너지 저장기술, 퀀텀 컴퓨팅 등을 꼽으면서, 이처럼 잡다해 보이는 수많은 기술목록을 관통하고 있는 것은 '디지털화'와 '정보통신기술'이라고 한다.[2]

'디지털화'는 정보를 0과 1로 바꾸어 기계가 처리하고 전달하고 저장하도록 한 것이다. 디지털화가 진전되면서 세상은 크게 바뀌고 있다.[3] 디지털화로 실체가 있던 상품들이 가상공간의 상품으로 바뀌었다.[4] 일상적인 정보는 더 풍부하고 생산적이면서 가치 있는 정보로 재탄생했다.[5] 알리바바와 같은 대규모 온라인 플랫폼이 탄생했고, 개인과 중소기업도 온라인 플랫폼을 통해 소규모 다국적 기업으로 성장할 수 있으며 대기업과도 경쟁할 수 있게 되었다.

정보통신기술의 디지털화는 3차 산업혁명의 연장선이다. 그런데 정보통신기술은 지금까지 세 차례의 큰 변화를 겪었다. 첫 번째는 1980년대에 이루어진 '아날로그에서 디지털로'의 전환이다. 두 번째는 1990년대 인터넷과 월드와이드웹(WWW) 및 브로드밴드에 의한 '가상공간 생성'이라는 변화다. 세 번째는 2000년대 들어서 시작된 모바일 기기의 폭발적 성장과 연계하여 사물인터넷, 빅데이터, 인공지능을 기반으로 '현실과 가상의 연결을 확장'하는 변화다.

4차 산업혁명은 첫 번째나 두 번째가 아니라 세 번째 단계의 변화다. 주목해야 할 세 번째 단계의 특징은 '지능화'에 있다. '지능화된다'는 의미는 모든 사물과 네트워크가 인공지능(AI)을 활용하여 더 똑똑해진다는 것이다.[6]

최근 들어서 '지능화'라는 단어보다는 '스마트(smart)'라는 단어가 4차 산업혁명과 관련하여 더 많이 사용된다. 스마트 공장, 스마트 홈, 스마트 빌딩, 스마트 시티, 스마트 인프라, 스마트 그리드 등등 무수히 많다. 위키피디아(wikipedia)에서는 '스마트 혁명(smart revolution)'을 이렇게 정의한다.[7]

"스마트 혁명은 개방형 네트워크로의 진전에서 나타나는 새로운 변화로 정의될 수 있다. … 디지털화(digitalized)된 지식에 기반을 두고 있어서 스마트 혁명은 정보혁명과 유사한 측면이 존재한다. … 그러나 스마트 혁명의 가장 큰 특징은 유무선 브로드밴드 네트워크가 빠르게 확산되고 이에 따라 스마트폰과 태블릿을 비롯한 스마트 단말기가 빠르게 보급되면서 산업 전반에서 파급효과가 나타난다는 점이다. … 정보통신기술(ICT)의 융합을 통한 스마트화가 전체 산업 분야 패러다임을 변화시키는 것이 스마트 혁명이다."

이처럼 4차 산업혁명의 차별화된 특징 중 하나는 '스마트' 디지털 혁명이다. 디지털 기기가 사람과 같이, 더 똑똑하게 만들어 주는 지능형 기술(intelligent technology)과 결합되는 것을 의미한다. 스마트 공장은 단순한 자동화 공장이 아니다. 데이터에 기반하여 의사결정을 할 수 있는 사람처럼 '똑똑한' 공장이다. 또한 스마트 혁명은 디지털 기반의 정보통신기술 하나로 가능한 것이 아니다. 다른 기술과 산업의 융합을 통해 전체 산업의 패러다임을 바꾸기 때문에 혁명인 것이다.

4차 산업혁명은 연결혁명이다

사물인터넷, 모든 것이 연결되는 시대

4차 산업혁명의 뚜렷한 특징 중 하나가 연결성(connectivity)이다. 디지털 혁명은 기하급수적인 연결을 가능하게 한 기술적 원동력이다. 0과 1로 나타낼 수 있는 것이면 무엇이든 빛의 속도로 전파하고, 무료로 복제하고, 공유할 수 있는 기반을 제공했기 때문이다.[8]

10년 전만 해도 전 세계에서 인터넷에 연결된 기기는 5억 대에 불과했다. 2012년에는 120억 개에 달하는 기기와 30억 명의 사람이 연결되었다. 2013년에는 하루 700만 개 내지 연간 25억 개의 새로운 사물이 인터넷에 연결되었다. 2020년에는 연간 78억 개 이상이 연결될 것이고, 연결된 사물의 수를 모두 더하면 500억 개를 넘어설 것이라고 한다.[9] 연결된 기기는 사람과 사람, 사람과 데이터의 연결을 넘어서 기기와 기기를 연결하고 기기와 네트워크를 연결하면서 끊임없이 확장해 나갈 것이다.

연결의 대상이나 내용도 달라졌다. 3차 산업혁명만 해도 연결은 디지털 세계 내에 국한되었다. 하지만 4차 산업혁명에서는 디지털 세계 내부를 넘어 현실세계와도 연결이 이루어졌다. 현실의 공장 내부에서만 모든 사물들이 연결되는 것이 아니다. 가상공간에서 디지털 복제품(Digital Twins)과 연결되고, 생태계 전체와도 연결되어 실시간으로 데이터를 주고받는다. 페이스북, 트위터, 카카오톡과 같은 소셜네트워크(SNS)를 통한 사람과 사람 간의 연결도 기하급수적으로 증가했다.

사물인터넷(IoT: Internet of Things)[10]은 이처럼 모든 것이 연결되는 연결혁명에 기반하고 있다. 위키피디아에서는 사물인터넷을 "각종 사물에 센서와 통신 기능을 내장하여 인터넷에 연결하는 기술을 의미한다. 인터넷으로 연결된 사물들이 데이터를 주고받아 스스로 분석하고 학습한 정보를 사용자에게 제공하거나 사용자가 이를 원격 조정할 수 있는 인공지능 기술"이라고 정의하고 있다.[11] 아직 일부 제조업에 국한되어 있긴 하지만, 사물인터넷을 활용하여

160%의 투자수익률, 20%의 비용절감, 75%에 달하는 네트워크 유휴시간 감소라는 성과를 내고 있다고 한다.[12] 사물인터넷도 처음에는 기술이 주도하는 것처럼 보이겠지만 점차 비즈니스가 주도해 갈 것이다. 특히 사물인터넷을 통해 생성되는 방대한 데이터의 수집과 분석 및 활용 기술이 중요해질 것이다.

연결로 생성되는 빅데이터 분석과 활용

수많은 사람과 사람, 사람과 기기, 기기와 기기가 사물인터넷으로 연결되어 데이터를 주고받으면서 빅데이터(Big Data)가 생성된다. 빅데이터는 4차 산업혁명의 '재료' 역할을 할 것이다.

빅데이터라는 영어 단어는 한글로 '방대한 데이터' 내지 '대용량 데이터'로 번역하지 않는다. 빅데이터의 내용에 방대한 데이터가 포함되는 것은 맞다. 2011년에 인류가 쏟아낸 데이터는 1조 9,000억 기가바이트인데, 1년이 지난 2012년에는 그보다 50% 늘어난 2조 7,000억 기가바이트, 2020년에는 35조 기가바이트가 될 것이라고 한다. 이처럼 방대한 빅데이터에는 정형화된 데이터 외에 비정형화된 데이터도 포함된다. 데이터의 생성-유통-소비의 전 주기는 초스피드로 진행된다. 규모, 다양성, 속도를 함께 반영하여 빅데이터란 '거대한 크기의 다양한 데이터가 짧은 시간에 생성-유통-소비되는 데이터 집합으로, 이를 관리·분석하기 위해 필요한

인력과 조직 및 관련 기술을 포괄하는 것'으로 정의할 수 있다.[13]

새로운 차원의 생산성 향상도 빅데이터를 통해 가능하다. 예를 들면, 각종 센서를 상품·자재·물건 등에 부착해서 생성되는 실시간 데이터를 활용하여 인건비를 줄이거나 재고 비용을 절감할 수 있다. 사람이나 상품, 자재가 어디에 있고 어떻게 움직이는지를 센서로 파악하게 되면 불필요한 작업과 프로세스를 없애거나 최적화할 수 있기 때문이다. 또한 빅데이터 분석을 통해 가치사슬의 흐름을 재설계하고 모니터링함으로써 생산성을 높일 수도 있다.

연결을 통한 가치 창출, 네트워크 효과

모든 것이 연결되면 새로운 가치를 창출할 수 있다. 처음에는 연결을 주도한 것이 기술이었다. 하지만 지금은 비즈니스가 기술을 주도하고 있다. 사물인터넷도 그렇다. 운송과 물류, 석유와 가스, 스마트 시티 등 수많은 분야에서 연결을 통한 가치 창출과 새로운 비즈니스가 생겨나고 있다.[14] 사물인터넷을 통한 연결혁명은 제조, 서비스, 에너지, 공공시설부문 등이 앞섰다. 그 뒤를 수송, 유통, 보건, 의료산업 등이 뒤쫓고 있다. 연결을 통한 놀라운 가치 창출이 있기 때문에 사물인터넷 시장도 급속하게 성장하고 있다.[15]

사물인터넷과 같은 연결혁명이 초래한 새로운 경제현상은 '네트워크 효과(network effect)'로 설명할 수 있다. 네트워크 효과는 네트워크에 연결된 사람이나 기기가 다른 사람이나 기기에 미치는 영향력으로 정의할 수 있다. 네트워크 효과를 설명할 때 흔히 인용되는 것이 '네트워크의 가치는 참가자 수의 제곱에 비례한다'는 멧커프의 법칙(Metcalf's Law)이다. 이것은 더 많은 사람과 기기가 연결될수록 네트워크 참여자들에게 더 많은 가치가 돌아간다는 원리다.[16] 네트워크로 연결되는 사람과 기기가 많으면 많을수록 더 많은 사람과 기기를 네트워크로 끌어들이게 된다. 사물인터넷이 급성장한 배경도 네트워크 효과에 있다. 또한 네트워크를 통한 서로 다른 기술과 산업의 연결은 융합혁명의 배경이다.

4차 산업혁명은
융합혁명이다

가상과 현실의 융합

융합이야말로 4차 산업혁명을 특징짓는 요소다. 스마트 디지털 혁명을 기반으로 한 수많은 기술과 산업의 융합으로 새로운 것이 나온다. 융합의 결과물이 무엇인지는 사전에 예측하기 어렵다. 4차 산업혁명의 미래를 전망하기 어려운 이유도 여기에 있다.

융합의 유형은 다양하지만, 4차 산업혁명과 관련해서는 특히 '가상과 현실의 융합시스템(CPS: Cyber Physical System)'[17]이 많은 주

8,000번이 넘는 시뮬레이션을 거쳐 우주 탐사선 큐리오시티가 화성에 무사히 도착했다(사진: 나사 홈페이지).

목을 받았다. CPS라는 단어는 현실세계의 사물과 가상공간의 디지털 복제품(digital twin)[18]들이 복잡하고 광범위하게 연결되는 시스템을 의미한다. 이 시스템에서 현실세계의 사물들이 가상공간의 디지털 복제품과 데이터로 소통하면서 서로를 관리하거나 영향을 주고받는 것이다.[19]

제조업에서 CPS가 실제로 구현된 결과물은 스마트 공장(Smart Factory)이다. CPS가 없는 공장은 스마트 공장이 아니며, 스마트 공장이 없다면 '인더스트리4.0'이 아니라고도 한다.[20] CPS가 구현된 스마트 공장은 가상공간에서 데이터에 기반한 계획-설계-엔지니어링-생산이 이루어지고, 실제 공장과 연동하여 운영되면서 생산성을 극대화한다.

CPS는 스마트 공장에만 적용되는 것은 아니다. 미국 우주항공국 (NASA)의 화성탐사선 '큐리오시티(Curiosity)' 발사 사례를 보자. 현실세계에서 실제 발사는 단 한 번이었지만 가상공간에서는 무려 8,000번 넘게 가상 테스팅 및 시뮬레이션을 거쳤다. 만약 현실세계에서 화성탐사선 발사가 실패한다면 엄청난 비용 손실을 겪었을 것이다. 이런 손실을 없애기 위해 가상공간에서 실제 발사상황을 디지털로 구현해 무수히 많은 발사 실험을 거친 뒤 현실세계에서 단 한 번의 발사로 성공시킬 수 있었다.[21] 위키피디아에서는 CPS에 관해 이렇게 설명하고 있다.[22]

"CPS는 컴퓨터 기반의 알고리즘에 의해 통제되고 관리되는 메커니즘으로 인터넷과 사용자를 긴밀하게 통합한다. … CPS 사례로는 스마트 그리드, 자율주행 자동차, 의료 모니터링, 프로세스 제어시스템, 로봇공학, 자동 항공 운항공학 등이다. … CPS는 사물인터넷(IoT)과 동일한 기본 구조를 공유하고 있으며, 현실세계와 컴퓨터 간에 더 높은 수준의 조합과 협력을 보여준다. CPS의 선구적인 사례를 볼 수 있는 영역은 우주항공 공학, 자동차, 화학공정, 토목, 에너지, 보건, 제조업, 교통, 엔터테인먼트, 가전제품 등이다."

기술융합

4차 산업혁명을 이끄는 기술은 독립적으로 개발되고 활용되는 단일 기술이 아니다. '기술과 기술의 융합'이란 의미에서 융합기술이라 할 수 있다. 특히 오늘날 정보통신기술과의 융합을 추구하지 않는 기술이나 산업영역은 찾아보기 어렵다. 스마트 빌딩이나 스마트 시티를 만들고자 하는 건설산업은 말할 것도 없다. 자동차, 조선, 섬유, 기계, 항공, 국방, 에너지, 로봇, 유통, 물류, 금융, 교육, 관광, 의료 등 사실상 모든 산업과 기술영역에서 기술융합이 이루어지고 있다.[23]

기술융합은 1990년대부터 크게 주목받기 시작한 흐름이었다.[24] 컴퓨터 성능의 급격한 발전에 힘입어 정보기술(IT)과 통신기술(CT)의 융합이 이루어졌고, 이후 정보통신기술(ICT)은 거의 모든 산업부문의 기술과 융합하는 추세였다. 또한 디지털 기술의 통합, 유무선의 통합, 음성과 데이터의 통합, 네트워크와 전화 및 방송의 통합 등과 같이 네트워크·기기·미디어 등이 수렴하는 '디지털 융합'도 기술융합의 대표적인 사례다.

산업융합

산업융합은 '2종 이상의 산업에서 활동중인 단위 기업들이 융합

기술 기반의 상품을 개발·판매함으로써 시장이나 고객의 니즈에 부응하기 위해 기업 생태계를 재구성하는 것'을 의미한다.[25] 산업융합 사례도 도처에 널려 있다. 굳이 아이폰이나 구글 같은 외국기업 사례를 인용할 필요도 없다. 우리나라의 카카오 사례만 해도 충분하다.

카카오는 '모바일 라이프 플랫폼' 기업이라고 한다. 2017년 말 4,000만 명에 달하는 가입자 기반을 대상으로 모바일 게임, 광고, 유통, 콘텐츠 등의 서비스를 연계하여 수익을 창출하며, 2017년 6월 말 기준으로 총 81개 사의 계열회사를 두고 있다.[26] 1995년에 인터넷 포털업체로 출발한 카카오는 택시업(카카오택시)과 금융업(카카오페이, 카카오뱅크)에도 진출했다.

2000년대에 들어서 정보통신산업이 자동차, 조선, 금융, 미디어, 의료, 교육, 음악 등 거의 모든 산업과 융합하면서 새로운 제품과 서비스를 제공하고 있다.

산업융합은 제조업과 서비스업 간의 경계를 허물고 있을 뿐만 아니라 제조업과 서비스업 내부의 업종 간 경계도 허물고 있다. 이제는 더 이상 산업 간, 업종 간의 칸막이식 구분을 유지하기 어렵다. 이에 따라 전통산업과 경합하게 될 제품이나 서비스를 제공하는 새로운 산업과의 갈등도 커지고 있다.[27]

4차 산업혁명은 경영혁명이다

플랫폼 혁명

4차 산업혁명의 개막과 더불어 기하급수적으로 성장한 대부분의 기업들은 플랫폼 비즈니스를 하고 있다. '플랫폼(platform)'이라고 하면 기차나 버스 승강장을 생각할 것이다. 교통수단과 승객이 만나는 장소이기 때문에 교통과 물류의 거점이 되고, 상가 등이 몰려 있어 거래가 발생하는 장소다. 이처럼 수요자와 공급자가 만나 거래나 가치교환이 이루어지는 장소를 플랫폼이라고 한다면, 전통시장이나 주식시장도 플랫폼의 한 유형이다. 다만, 4차 산업혁명에서 말하는 플랫폼 비즈니스는 디지털 기술을 기반으로 한다는 점에서 근본적인 차이가 있다. 디지털 기술에 힘입어 플랫폼은 범위, 속도, 편의성, 효율성이 획기적으로 확대되었다.[28]

플랫폼 비즈니스도 경쟁력의 원천을 '네트워크 효과'에 두고 있다.[29] 앞서 연결혁명에서 정의한 것과 유사하게, 네트워크 효과는 '여러 플랫폼 사용자들이 각 사용자를 위해 창출한 가치에 미치는 영향력'으로 정의된다. 전화망 가입자 수와 연결의 확대 사례를 보자. 네트워크상에 단 1개의 노드만 있으면 연결은 없다. 즉, 전화기 1대만 있으면 연결은 있을 수 없다. 2대가 있다면 1개의 연결이 가능하다. 4대가 있으면 6개의 연결이 가능하고, 12대가 있으면 66개, 100대가 있으면 4,950개의 연결이 가능하다. 이런 식의 '기하급수적 성장(exponential growth)'이 애플, 구글, 아마존, 페이스북, 우버 같은 플랫폼 기업의 성장패턴이다.

플랫폼 비즈니스에서 네트워크 효과는 일방적이 아니라 양면적(two-sided)이다. 전화기 사례를 보면, 전화가입자는 더 많은 가입자를 끌어들인다. 우버(Uber)도 탑승객이 운전자를 끌어들이고, 운전자가 탑승객을 끌어들인다. 에어비앤비(Airbnb)에서는 호스트가 게스트를 끌어들이고, 게스트는 호스트를 끌어들인다. 이런 '양면 네트워크 효과'가 플랫폼 기업의 기하급수적 성장을 가능하게 만든 원동력이다.

플랫폼 기업의 비즈니스 모델은 패러다임 전환을 수반한다는 점에서도 혁명적이다. 20세기 산업화 시대의 대기업은 '규모의 공급경제(supply economies of scale)'에 기반했다. 대량생산을 통해 제품이나 서비스의 단위 생산비용을 낮추는 방식이다. 생산량이 많으면 많을수록 생산비나 마케팅비, 유통비도 더 떨어졌다. 반면 21세기 플랫폼 기업들은 '규모의 수요경제(demand economies of scale)'에 기반하고 있다. 규모의 수요경제에서는 수요측면의 기술향상을 이용하고 있다. 소셜 네트워크의 효율성, 수요 결집, 앱 개발, 기타 네트워크가 크면 클수록 사용자들에게 더 많은 가치를 주게 된다.

플랫폼의 가치는 서비스를 사용하는 외부의 사용자 커뮤니티에서 만들어진다. 따라서 플랫폼 기업의 성장이나 수익창출을 위해서는 기업 활동의 초점도 내부에서 외부로 옮겨져야 한다. 운영관리 측면에서도 기업 내부의 재고관리나 공급사슬의 최적화가 아니라 외부 자산관리에 초점을 두어야 한다.

프로세스 통합 혁명

성장과 수익의 원천이 외부에 있는 플랫폼 기업과 달리, 전통적인 제조기업들은 생산성 극대화를 위해 내부 프로세스를 통합해야 한다. 4차 산업혁명의 선도사례인 독일 '인더스트리4.0'은 다음과 같은 특징을 갖고 있다.[30]

첫째, 제품기획부터 출고 이후 애프터서비스(A/S)까지 가치사슬

(value chain) 전반에 걸쳐 디지털 연계와 통합이 이루어져야 한다.

둘째, 기업 내부의 효율성을 극대화하기 위해 생산활동의 수직적 통합과 네트워크화된 생산체계를 구축해야 한다.

셋째, 기업 내부만이 아니라 연관된 기업 간의 긴밀한 협력과 연계를 위한 수평적 통합이 이루어져야 한다.

이와 같은 특징을 한 문장으로 요약하면 '프로세스의 디지털화를 기반으로 한 가치사슬의 수직적·수평적 통합'이다. 스마트 공장 구현을 위해서는 공장 내 운영시스템만이 아니라 제품기획 단계부터 원재료 조달, 생산, 마케팅, 유통, 사후 서비스 단계에 이르는 모든 업무가 수직적으로 통합되어야 한다.[31] 또한 스마트 공장은 개별 기업 혼자서만 만들 수 있는 것이 아니다. 그 공장에 부품과 재료를 납품하는 공급업체, 제품을 유통시킬 물류업체, 사후 서비스업체 등 전체 가치사슬에 연결된 모든 기업들이 참여하여 수평적으로도 통합되어야 한다.[32] 이처럼 전통적인 제조기업들도 4차 산업혁명의 핵심 기술을 활용하여 내부 프로세스를 수직적·수평적으로 통합함으로써 획기적인 생산성 향상이 가능하다.

개방형 생태계 혁명

프로세스 통합은 연관된 모든 요소들이 함께 바뀌어야 하는 생태계 변화 전략이기도 하다. 스마트 공장도 공장과 공장 간, 기업과 기업 간에 서로 연결된 시스템을 갖추어야 한다. 미국의 산업인터넷(IIC)도 스마트 공장과 관련된 생태계 조성에 초점을 두고 있다.

플랫폼 기업의 비즈니스모델은 조직 외부에 있는 방대한 '규모의 수요경제'에 기초하고 있다. 플랫폼은 디지털 기술을 활용하여 사람, 조직, 자원을 상호작용이 이루어지는 생태계에 연결한다. 따라서 플랫폼 기업의 기하급수적인 성장을 위해서도 조직 외부에 적절한 생태계 조성이 필요하다.

사물인터넷도 마찬가지다. 사물인터넷의 생태계를 구성하는 영역은 종단 기기와 센서, 종단 기기의 부품, 내장 운영체제, 정보기술 인프라, 보안시스템, 클라우드 인프라와 서비스, 분석·시각화·관리 애플리케이션과 실행 소프트웨어, 서비스 제공자 등이 포함된다. 이처럼 방대한 생태계 구성을 볼 때, 그 어떤 기업도 혼자서 모든 고객이 필요로 하는 사물인터넷 솔루션을 줄 수 없다. 또한 단독으로 독자적인 사물인터넷 솔루션을 개발해 봤자 소용없다.

그렇기 때문에 사물인터넷의 성공을 위한 첫 번째 비결은 "파트너들의 생태계를 구축하자. 그들과 함께 배우고 공동개발하자"는 것이다.[33]

적절한 생태계를 구성하기 위해서는 개방형 산업표준이 필요하다. 폐쇄적인 자체 시스템으로는 생태계 혁명을 가져올 수 없다. 수많은 사람, 기기, 공장들이 함께 연결되어 움직이려면 공통의 개방형 산업표준이 있어야 한다.

또한 협력적 문화가 확산되어야 생태계 혁명이 가능하다. 생태계 내의 수많은 구성요소나 참여자들이 칸막이로 분리되어 있거나 적대적이라면, 연결이건 융합이건 통합이건 모두 불가능하다. 제도가 만든 칸막이가 있다면 허물어야 하고, 적대적인 문화가 만연해 있다면 협력적인 문화로 바꾸어야 한다.

4차 산업혁명은
글로벌 시스템 혁명이다

 "차마 내가 이런 말을 하게 될 줄은 꿈에도 몰랐지만, 제조(production)가 다시 뜨고 있다." 이 말을 한 사람은 시스코(Cisco) 부사장이다.[34] 이 같은 말과 인식의 변화는 글로벌 시스템의 변화를 보여주는 일부분이다.

 4차 산업혁명을 맞아 글로벌 경제 시스템이 급변하고 있다. 우선 눈에 띄는 것은 해외로 나갔던(off-shoring) 선진국의 제조공장들이 자국으로 되돌아오는 현상(re-shoring)이다. 오랫동안 지속된 세계화 흐름은 선진국 제조공장들이 생산비가 저렴한 곳을 찾아 중국·

인도·베트남 등 신흥국가로 진출을 확대하는 것이었다. 스마트 공장 건설을 통한 생산비가 신흥국에 필적할 수준이 되면 자국에서 제조공장을 건설하여 운영하는 것이 더 낫다. 로봇, 인공지능(AI), 3D 프린팅, 빅데이터 등을 활용한 스마트 공장 건설은 해외진출 제조공장의 귀환을 유도하는 촉매제가 되고 있다.

'메이킹 인 아메리카(Making in America)': 제조공장의 귀환

선진국 제조업체들의 자국 회귀 현상은 드문 게 아니라 이미 숱하게 관찰되고 있다. 미국은 2010년부터 33만 8,000개의 일자리가 되돌아 왔다고 한다. 이 기간에 돌아온 기업 수도 포드, 인텔, 캐터필러를 포함해 1,200개가 넘는다. 이 같은 해외진출 기업의 자국 회귀로 2016년에만 7만 7,000개의 일자리가 새로 생겼다. 같은 기간 법인의 해외 이전으로 사라진 일자리 5만 개를 감안하더라도 2만 7,000개가 늘어났다.[35]

일본은 2000년대 초부터 입지 제한 및 신사업 규제 완화, 지방 클러스터 육성, 노동 유연성 확보 등 꾸준히 해외진출 기업의 자국 회귀 정책을 폈다. 그 결과 2016년 해외 공장을 보유한 834개 제조업체 중 11.8%인 98개 기업이 일본으로 생산시설을 옮겼다.

독일 아디다스 스피드 팩토리에서는 소비자가 스마트폰으로 원하는 신발을 주문하면 5시간 만에 제작에서 48시간 안에 배송한다(사진: 아디다스 스피드 팩토리 홈페이지).

 독일도 해외진출 기업의 자국 회귀를 위해 투자·개발 보조금을 최대 50%까지 지급하고, 노동시간을 주 48시간까지 연장할 수 있도록 하는 등의 지원을 해왔다.
 2015년에 다시 독일로 돌아와서 운동화 생산을 시작한 아디다스 스피드 팩토리(Adidas Speed Factory) 사례는 널리 인용되고 있다. 아디다스는 1993년에 독일에서 마지막 공장이 문을 닫은 지 23년 만에 다시 독일로 돌아왔다. 이 회사는 연간 약 50만 켤레의 운동화를 생산할 수 있는데, 100% 로봇 자동화 공정을 갖추고 있다. '스피드 팩토리'라는 이름대로 소비자가 스마트폰으로 원하는 신발을 주문하면 5시간 만에 제작해서 48시간 안에 배송한다. 그렇다면 이 공장의 상주 인력은 얼마나 될까? 불과 10여 명이다. 만약 기존의 신발공장에서 연간 50만 켤레를 생산하고자 한다면 600여 명의 인력이 필요했다고 한다.[36] 상황이 이렇다 보니 더 이상 선진국 제조업체들이 싼 인건비를 쫓아 신흥국을 헤매고 돌아다닐 필요가 없다.

2013년 미국 MIT대학에서 나온 보고서[37]와 2014년 미국 백악관에서 나온 보고서[38]를 보면 둘다 '메이킹 인 아메리카(Making in Amerca)'라는 제목을 달고 있다. 이들 보고서는 제조공장의 해외이전(off-shoring)으로 미국 제조업의 기반이 허물어지고 혁신도 뒤처지는 결과를 초래했다고 한다. 특히 혁신활동은 미국보다도 세계의 공장이라는 중국에서 더 활발했는데, 그 이유는 제조현장이 있었기 때문이다. 따라서 미국도 일자리 창출이나 지역경제 활성화를 위해서는 제조업 살리기가 필요하고, 해외로 이전했던 제조공장들을 다시 미국으로 불러들이자는 것이다(re-shoring).[39] 4차 산업혁명으로 제조의 가치에 대한 인식이 달라지고 제조의 부가가치가 높아질수록 제조공장의 자국 회귀 현상도 늘어날 것이다.

산업정책의 부활과 정부 역할의 확대

4차 산업혁명은 '산업정책(Industrial Policy)'의 부활을 알리고 있다. 원래 미국처럼 자유주의 경제학을 신봉하는 나라에서 산업정책은 부정적인 의미를 담고 있다. 시장과 경제에 대한 정부개입은 시장의 실패가 있을 때 예외적으로 하는 것이 바람직하다는 생각이다. 독일과 같은 유럽 국가들은 과거 몇 백년간에 걸친 중상주의(Mercantilism)[40]적 전통이 있어서인지 상대적으로 산업정책에 대한 거부감이 적었던 것 같다.

디지털 기술의 활용을 통한 제조업 부활정책이 독일 '인더스트리 4.0'이었고, 이 같은 제조업 부활정책은 다른 선진국으로도 확산되었다. 미국 오바마 정부는 '첨단제조 파트너십'과 '국가 제조 혁신 네트워크' 구축을 통해 제조업의 4차 산업혁명 선도기술 발전에 주력했다. 2016년에는 '연방 빅데이터 R&D 전략 계획'을 발표했다. 일본도 2015년에 '일본재흥전략'을 개정하면서 4차 산업혁명에 대한 정책을 제시했다. 2017년에는 '신산업구조 비전'에서 2030년에 '초스마트 사회(Society5.0)' 실현을 목표로 제시했다. 중국은 2015년에 '중국 제조 2035'를 발표했다. 2016년에는 '인터넷+액션플랜'과 융합하여 '국무원, 제조업과 인터넷 융합발전 심화에 관한 지도의견' 및 '인터넷+인공지능 3년 행동 실시방안'을 발표했고, 2016년 말부터는 스마트 제조 발전계획, 사물인터넷 산업 발전계획, 빅데이터 산업 발전계획을 연속적으로 발표했다. 2017년 초에는 국가인공지능연구소도 설립했다.[41]

선진국의 제조업 혁신전략이 정부 주도로만 이루어진 것은 아니다. 독일만 해도 각종 협회, 연구소, 대학 및 기업과의 협력을 통해 이루어진다. 미국은 글로벌 대기업과 연관기업 및 기관들이 참여하는 '산업인터넷 컨소시움'이나 기술기반의 스타트업이 4차 산업혁명을 선도하고 있다. 중국도 거대 정보통신기술 기업이나 스타트업이 큰 역할을 하고 있다.

전통산업에서 산업정책이 활성화되는 이유

생산성과 경쟁력이 취약한 다른 전통산업에서도 새로운 산업정책 수립이 활성화되고 있다. 대표적인 것이 건설산업이다. 디지털화의 진전도 느리고 생산성도 정체상태에 있지만 미국, 영국, 싱가포르 등 선진국은 건설산업의 디지털화를 통한 생산성 향상을 목표로 다양한 국가전략을 제시하고 있다. 최근에는 맥킨지글로벌연구소, 딜로이트, 롤랜드버거, 프라이스워터하우스쿠퍼스 등 글로벌 컨설팅 기관들도 건설산업의 디지털화와 관련한 수많은 보고서를 내놓고 있다.

왜 이렇게 제조업이나 건설산업 같은 전통산업이 새로운 산업정책 영역으로 관심을 끌고 있을까? 그 이유는 전통산업일수록 고용이나 경제성장에서 차지하는 비중이 크기 때문이다. 이런 전통산업을 방치할 것이 아니라 4차 산업혁명 기술을 적극 활용하여 생산성을 높이는 것이 일자리 창출과 경제성장에 큰 도움이 된다. 또한 전통산업일수록 디지털화 수준이 낮기 때문에 성장 잠재력이 크다. 규모나 비중을 감안할 때, 조금만 디지털화 수준을 높여서 생산성을 향상해도 경제성장 기여도를 높일 수 있다.

    정부의 역할은 전통산업의 산업정책을 수립하고 실행하는 데 그치지 않는다. 4차 산업혁명에 적응하거나 선도하기 위한 역할도 있다. 클라우스 슈밥은 '4차 산업혁명에 대한 적응력이 정부의 생존 여부를 결정'한다고 단언했다.[42] 정부가 더 잘 통치하기 위해서는 디지털 기술을 활용하여 투명성, 책임성, 효율성을 높여야 한다. 정부의 규제기관이 규제대상을 정확히 이해하기 위해 스스로를 개편하고, 새로운 환경에 적응하는 '민첩한(agile) 통치시스템'을 구축해야 한다. 이를 위해 정부는 '더 작고 효율적인 조직으로 완벽하게 변신'해야 한다. 또한 세계적·지역적·산업적 변화를 위해 '기업이나 시민사회와 긴밀히 협력'해야 한다.

글로벌 정치·경제 시스템의 변화

    제조공장의 자국 회귀처럼 과거와 정반대의 흐름이 형성되면, 기업경영이나 무역·금융 등 경제시스템뿐만 아니라 정치·군사·문화 시스템도 변화될 수밖에 없다. 독일의 아디다스 스피드 팩토리와 같은 사례가 확산된다고 생각해 보라. 선진국 기업의 신흥국 진출이나 투자가 줄어들 것이다. 신흥국의 급속한 성장세도 주춤해질 가능성이 높다. 선진국 내부에서도 4차 산업혁명에 앞선 국가와 뒤처진 국가의 생산성 격차가 확대될 것이다. 스마트 공장의 확산으로 일자리도 줄어들 것이다.

　정치적으로는 미국의 트럼프 대통령처럼 자국이익 우선주의와 고립주의를 주창하거나 브렉시트(Brexit)를 공언한 제2, 제3의 영국이 출현할 가능성도 있다. 물론 4차 산업혁명 때문에 미국 우선주의나 브렉시트가 발생했다는 뜻은 아니다. 다만, 4차 산업혁명의 진전으로 고립주의를 채택하더라도 해외공장의 자국 회귀 현상이 활성화되면 경제적으로는 큰 문제가 없을 수도 있다는 뜻이다. 또한 과거처럼 선진국 기업들이 진출한 중동이나 동남아 등의 정치 상황에 미국이나 유럽국가들이 적극 개입할 여지도 줄어들 것이다.

　선진국 기업의 진출이나 정치적 개입이 줄어들게 되면, 신흥국 내부에 오랫동안 잠재되어 있던 인종이나 종교를 둘러싼 갈등은 더 심화될 수도 있다. 그럴수록 선진국 제조공장의 자국 회귀 흐름은 더 강화될 것이다. 최근 전 세계적으로 문제시되는 이민자 수용에 대해서도 더욱 부정적인 기류가 형성될 수 있다. 4차 산업혁명으로 외국인 이민자가 하던 허드렛일이나 비숙련 노동자 업무가 자동화되면 굳이 외국인 이민자를 대거 받아들일 필요가 없기 때문이다.

4차 산업혁명이 가져올 위험

일자리 축소와 불균형 심화

4차 산업혁명으로 인간은 말(馬)과 같은 운명에 처할지 모른다는 우려가 있다. 1840~1900년까지만 해도 미국에서 말과 노새는 약 2,100만 마리가 사육되고 있었다. 하지만 2차 산업혁명으로 자동차와 트랙터가 널리 보급되면서 1960년대 말 사육 두수는 300만 마리로 줄었다. 마찬가지로 4차 산업혁명기에도 인공지능, 로봇, 자율주행차량 등으로 인해 사람의 일자리는 급격하게 줄어들지 않겠는가? 노벨경제학상 수상자였던 레온티에프(Wassily W. Leontief)는 "그렇다"고 답했다.[1] 물론 사람은 말과 다르다. 하지만 4차 산업혁명의 진전에 따른 인공지능이나 로봇의 발전상을 보면 사람의 일자리가 위협받으리라는 것은 부인하기 어렵다.

단 한 명의 직원도 없다

2018년 1월 세계 최대 전자상거래 업체 아마존은 단 한 명의 직원도 없는 무인 상점 '아마존 고(Amazon Go)'를 공식적으로 오픈했다. 고객은 '아마존 고'에 들어가면서 앱을 실행하고, 물건을 골라 나오기만 하면 된다. 고객이 구매한 물건은 매장 내부에 있는 3D 카메라와 센서가 모두 감지한다. 향후 아마존은 10년 내 '아마존 고' 매장을 미국 전역에서 2,000개를 만들겠다고 한다. 상점이 2,000개나 늘어도 매장에서 일하는 사람은 한 명도 없는 셈이다.

4차 산업혁명은 인력 부족에 대한 대책 마련으로서의 성격도 짙다. 스마트 공장도 숙련 노동인력의 부족과 고령화 대책의 일환이다. 이제 수많은 제조공장에서 이전보다 같거나 적은 인력으로 더 많은 것을 생산하고 있다. 또한 선진국 기업들은 생산기지의 해외이전과 아웃소싱 과정에서 업무를 단순화하고 자동화해 왔다. 그 결과 로봇과 알고리즘을 통해 인간의 노동을 대체하는 일이 좀 더 쉬워졌다.[2]

세계경제포럼에서는 2015~2020년 일자리는 200만 개 늘지만, 700만 개가 사라질 것이기 때문에 전체적으로 500만 개의 일자리가 줄어들 것이라는 전망을 제시했다.[3] 미국의 702개 직종을 대상으로 컴퓨터에 의한 일자리 대체가능성을 분석한 결과에 따르면, 약 47%가 대체가능성이 높은 고위험군이라는 연구결과도 널리 인용되고 있다.[4]

평균의 시대는 끝났다

기술발전으로 일자리가 줄어들기는커녕 늘어난다는 의견도 있다. 과거 산업혁명 역사를 보라. 기술발전이나 새로운 기계의 발명으로 사라지는 일자리도 있었지만 전체적으로는 경제성장과 함께 일자리가 늘었다. 하지만 4차 산업혁명과 관련해서는 적어도 단기적으로는 일자리가 줄어들고 노동시장의 양극화가 심화된다는 비관적인 시각이 더 우세한 것 같다.

4차 산업혁명은 개인과 기업의 기하급수적 성장을 가능하게 했다. 동시에 개인과 기업 간 소득 불균형도 기하급수적으로 키우고 있다. 고소득 전문직이나 창의성을 요하는 직군에게 4차 산업혁명은 새로운 기회다. 저소득 노무직도 자동화나 기계를 통한 전면 대체가 불가능하기 때문에 그런대로 견딜 수 있다. 하지만 어중간한 소득층의 대체가능한 단순 반복업무 일자리는 대폭 줄어들 것이다.[5] 그렇다면 4차 산업혁명으로 '평균의 시대는 끝났다(Average is Over)'.[6] 과학·기술·공학·수학(STEM) 분야나 금융·법률·컨설팅

분야는 좋은 보상을 받을 것이다. 반대로 지능형 기계가 대체가능한 단순 반복 업무 종사자는 보상도 적고, 그런 일자리 자체도 줄어들 것이다.

또한 플랫폼 혁명이 진전되면서 소수의 플랫폼 기업으로 부(富)가 집중되고 있다. 디지털 기술을 활용하여 스마트 공장을 건설하고 운영하는 기업도 성장할 것이다. 전자산업과 같이 4차 산업혁명을 선도하고 있는 분야는 건설산업과 같이 디지털화에 뒤처진 산업보다 월등하게 높은 생산성을 보이고 있다.

선진국과 신흥국 간 생산성과 경제성장의 격차도 더 커질 가능성이 높다. 4차 산업혁명을 선도하고 있는 선진국은 해외로 나갔던 제조공장을 다시 자국으로 불러들이고 있다. 신흥국에서도 4차 산업혁명에 빨리 적응하는 국가와 느린 국가 간의 불균형이 심화될 것이다.

불안과 갈등의 증폭

2014년 6월, 1만 명 이상의 영국 택시('블랙캡') 운전사들이 런던의 주요 거리를 점거하고 대규모 시위를 벌였다. 시위대상은 우버(Uber)였다. 우버는 승객과 운전사를 효율적으로 연결시켜 주고, 택시의 미터기처럼 작동하는 위치기반 스마트폰 앱을 통해 서비스를 제공해 왔다. 2009년 창업 이후 우버는 50개 국가의 230개 도시로 서비스를 확장하는 놀라운 성과를 거두었다.

모바일앱을 통해 승객과 운전자를 연결하고 모든 결제 역시 우버 앱을 통해서 진행된다(사진: 우버 홈페이지).

블랙캡 운전사들이 거리로 나온 이유

런던의 명물로 자리 잡았던 블랙캡 운전사들은 우버 서비스로 심각한 생존위기에 직면했다. 블랙캡 운전사는 진입장벽이 높다. 블랙캡 운전사가 되기 위해서는 런던의 6만 개가 넘는 거리 이름을 다 외워야 하는 악명 높은 자격시험을 통과해야 한다. 이 시험을 통과하기 위해 평균 12번이나 시험을 치룬다. 그 덕에 블랙캡 운전사들은 GPS가 필요 없다. 런던 시내를 훤히 알고 있기 때문이다. 이런 과정을 거친 블랙캡 운전사들의 수입도 쏠쏠했다. 런던의 평균 택시요금은 약 27파운드, 우리 돈으로 약 4만 원 수준이다.

이런 시장에 우버가 2012년에 진출하면서 2013년 말에는 런던의 우버 기사만 7,000명을 넘었다.[7] 블랙캡 운전사들은 위기감을 느끼지 않을 수 없었다.

마치 19세기 영국에서 섬유노동자들이 방직기 도입을 반대하는 대대적인 시위를 벌였던 것처럼, 21세기에는 블랙캡 운전사들이 우버의 런던 진출에 항의하는 대대적인 시위를 벌인 것이다. 비단 영국만이 아니라 영국, 핀란드, 네덜란드, 스페인, 덴마크, 이탈리아, 헝가리, 불가리아 등에서 우버 반대시위가 일어났다.

원칙 없는 암호화폐 규제

2017년에는 전 세계적으로 '암호화폐 광풍'이 불었다. 암호화폐의 가격은 2017년 한 해 동안만 1,000% 이상 올랐다. 암호화폐 중에서 가장 널리 알려진 비트코인의 가격상승률은 1,318%였지만 14위에 그쳤다. 1위는 리플(36,018%), 2위는 넴(29,842%), 3위는 아르더(16,809%), 4위는 스텔라(14,441%) 순이었다.[8] 현기증 나는 경이적인 가격상승률이다. 당연히 거품 논란이 벌어지고 전 세계 중앙은행과 정부는 규제에 착수했다. 하지만 암호화폐 광풍의 진원지로 평가받는 우리나라가 겪었듯이, 규제의 방법과 수준에 대한 혼란은 물론이고 투자자와 규제 당국 간의 갈등도 극심했다. 주로 20대와 30대의 젊은 투자자들이 주류를 형성하다 보니 부동산이나 주식 투자에 주력했던 40대 이상의 중노년층과 세대 간 갈등도 야기하고 있다.

심화되는 승자 독식

4차 산업혁명은 승자가 모든 것을 가져가는 '승자 독식' 결과를 초래할 가능성이 높다. 늘어나는 일자리와 줄어드는 일자리, 혜택 받는 직업군과 손해 보는 직업군, 생산성 높은 기업·산업과 낮은 기업·산업, 선진국과 신흥국 등 모든 부문에 걸쳐 불균형이 심화되면 불안과 갈등도 증폭될 수밖에 없다. 특히 평등지향성이 높은 사회에서 불균형의 심화는 극단적인 대립과 폭력을 초래할 수 있다. 특정 사회나 국가 내에서만이 아니라 국가 간, 선진국과 신흥국 간에도 정치적·군사적 불안과 갈등이 증폭되면서 국제안보가 위협받을 수도 있다.

대량살상 수학무기

4차 산업혁명을 촉발한 수많은 기술들이 불안과 갈등을 초래하기도 한다. 미국의 수학자이자 데이터 과학자이면서 한때 월스트리트의 헤지펀드에서도 일했던 캐시 오닐(Cathy O'Neil)은 빅데이터 경제의 수학모형이 언제든지 '대량살상 수학무기(WMD: Weapons of Math Destruction)'가 될 수 있다고 경고한다. 수학과 데이터, IT 기술이 결합된 알고리즘 모형들은 오늘날 교육, 노동, 광고, 보험, 정치 등 우리 삶의 모든 영역에서 불평등을 확산하고 민주주의를 위협하고 있다. 그 원인 중 하나는 데이터 과학자들이 대상이 되는 사람을 생각하지 않고, 자신의 실수에 무감각하면서, 오직 돈으로만 피드백을 받고 있기 때문이다. 데이터 기반의 알고리즘을 통해 이득을 본 투자자들은 계속해서 이런 '대량살상 수학무기(WMD)'에 더 많은 돈을 쏟아 붓고 있다.[9]

결국 인간을 위한 존재가 되어야

4차 산업혁명의 상징과도 같은 미국 전기자동차업체 테슬라(Tesla)의 CEO 엘론 머스크(Elon Musk)도 오래전부터 인공지능(AI)의 위험성을 강조해 왔다. 인공지능은 가짜 뉴스를 퍼뜨리고, 이메일 계정을 훔치고, 가짜 신문을 발행하고, 정보를 조작함으로써 전쟁을 일으킬 수도 있는 위험한 물건이기 때문에 더 늦기 전에 규제 법안을 만들어야 한다는 것이다.[10]

인터넷만 해도 전 세계적으로 상호연결성이 급격히 늘어나면서 개인의 사생활을 침해하고, 거대한 감시 도구가 될 가능성이 있다. 새로운 기술은 인류의 행복증진보다 특정 집단의 배타적 이익에 봉사할 가능성이 늘 존재한다.[11]

4차 산업혁명 기술들이 가져올 파괴적인 위험성의 근간에는 도덕성과 윤리의 혼란이 있다. 그렇기 때문에 기술만이 아니라 도덕성과 윤리적 차원에서 4차 산업혁명을 분석하고 이해하는 일도 중요하다. 이 문제는 결국 인간의 문제다. 일자리 축소와 노동시장 양극화, 불균형 심화, 사회적 불안과 갈등의 증폭 같은 문제를 해소하기 위해서는 기술발전과 병행하여 인간의 도덕성과 윤리를 확립해야 한다. 4차 산업혁명은 기술에서 출발했지만 종착점은 인간이기 때문이다.

PART
2

한발 앞선
글로벌 건설산업

1

글로벌 건설산업, 혁신이 필요하다

건설산업을
진단하다

최근 세계경제포럼(WEF)을 비롯하여 보스턴컨설팅그룹(BCG)이나 맥킨지글로벌연구소(MGI) 같은 글로벌 컨설팅 기관에서 '건설산업의 재창조(Reinventing Construction)', '건설산업의 미래 만들기(Shaping the Future of Construction)' 같은 제목의 보고서들을 내놓기 시작했다. 이들 보고서는 미국과 유럽 건설산업의 문제점을 지적하고, 4차 산업혁명의 도래를 맞아 건설산업의 총체적인 혁신과 재창조를 요구하고 있다.

무엇이 문제인가?

세계경제포럼이 지적하고 있는 건설산업의 산업적 특성을 살펴보자.[1] 건설산업에는 이해관계를 달리하는 수많은 이익집단들이 있으며, 공사기간 지연이나 사업비 초과는 일상화되어 있다. 독일에서조차 베를린 공항 프로젝트는 서로 다른 발주자가 셋이나 되고, 공사기간은 10년이나 지연되었으며, 사업비는 50억 유로를 초과할 예정이다. 건설산업은 제각각 다른 1건의 프로젝트를 수행하는 프로젝트 비즈니스이고, 현장 시공이 이루어진다.

건설산업의 내부구조는 매우 파편화되어 있다. 미국에는 약 71만 개의 종합건설업체(E&C companies)가 있는데 그 중 약 2%만이 종업원 수가 100명이 넘는다. 80%가량은 10명도 안 된다. 이런 산업구조에서는 혁신의 확산이 쉽지 않다.

또한 건설산업은 수익성도 낮다. 글로벌 종합건설업체의 평균 수익률은 겨우 5% 수준으로 대부분 S&P500 기업들보다 낮다. 건설산업은 고도로 경기순환적이고 변동성이 높은 산업이다. 2006년 호황기에 스페인 건설산업은 시장규모가 1,510억 유로였다가 2012년에는 그 절반도 안 되는 700억 유로로 줄었고, 아직도 회복되지 않았다. 이렇다 보니 건설산업 종사자의 직업적 안정성도 낮다. 캐나다 건설업 종사자의 약 25%는 다음 일자리를 건설산업 밖에서 찾을 수밖에 없었다.

건설산업의 운영시스템도 문제다. 사업기획과 기술평가 부실로 독일 함부르크의 어떤 건설사업 공사비는 당초 2.41억 유로에서 7.89억 유로까지 늘어났다.

최저가 낙찰제에 대한 선호도 문제다. 독일에서 17km 고속도로 공사의 착공이 6개월 이상 지연되었는데, 입찰 방해로 최저가 낙찰자가 오랫동안 선정되지 못했기 때문이다.

미국에서도 공공건설사업에 예산배정이 충분히 이루어지지 않는다. 신기술이나 신공법의 적용을 주저하는 보수적인 발주자도 많다. 민간투자사업에서는 공공과 민간 간에 적절하게 리스크를 분담하는 것이 아니라 민간계약자에게 일방적으로 리스크를 전가하고 있다.

계약의 복잡성과 분쟁도 늘었다. 25년 전만 해도 일반적으로 계약서는 50페이지였는데, 지금은 1,000페이지를 넘었고 법률적으로도 매우 복잡하다.

건설산업이 안고 있는 내부적인 문제도 많다. 혁신이 부족할 뿐만 아니라 혁신적인 기술의 채택도 늦다. 건설사업의 프로세스도 사전기획보다 시공에 더 많이 주력하고 있다. 비록 프로젝트 비즈니스라고 해도 한 건 한 건 프로젝트에서 쌓인 지식과 경험의 전수가 제대로 이루어지지 않고 있다.

프로젝트에 대한 모니터링도 부족하다. 발주자-설계자-시공자-자재 및 장비 공급업자 등 건설사업 참여자 간의 기능적 협력도 거의 없다. 보수적인 건설업계의 문화 속에서 젊은 인재가 부족하고, 인력개발도 제대로 이루어지지 않는다.

본질적인 문제는 낮은 생산성

맥킨지글로벌연구소는 건설산업의 본질적인 문제로 낮은 생산성을 지적하고 있다.[2] 지난 20년간 글로벌 GDP의 96%를 차지하는 41개국을 대상으로 한 생산성 변화 추이를 보면, 세계경제의 생산성은 연평균 2.7%, 제조업은 3.6% 성장했는데 반해 건설산업은 1% 성장에 그쳤다.

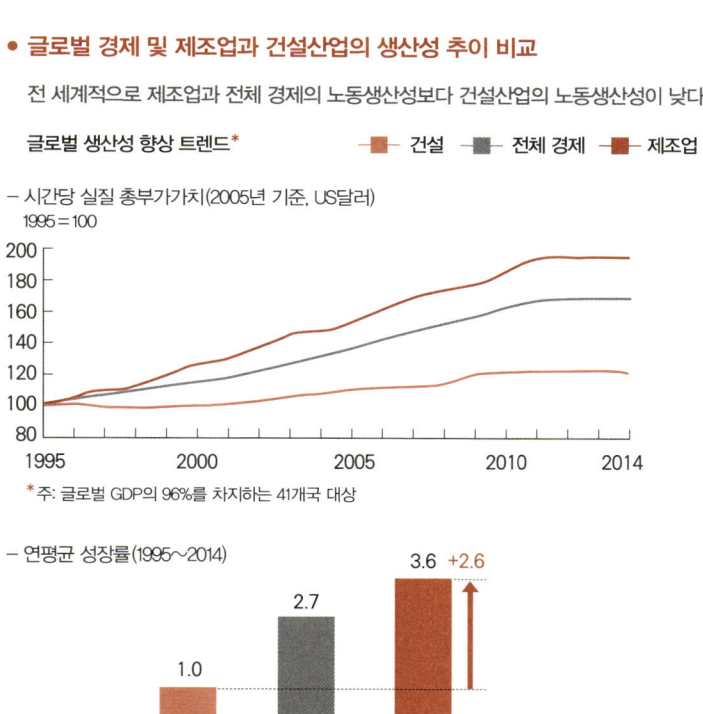

● 글로벌 경제 및 제조업과 건설산업의 생산성 추이 비교

전 세계적으로 제조업과 전체 경제의 노동생산성보다 건설산업의 노동생산성이 낮다

자료: MGI(Feb.2017), *Reinventing Construction: A Route to Higher Productivity*, p.2.

건설산업의 생산성이 제조업에 비해서만 뒤지는 것이 아니다. 농업이나 유통업, 광업 등에 비해서도 낮다. 다른 산업보다 단순히 낮기만 한 것이 아니라 시간이 흐를수록 생산성 격차가 급격하게 더 벌어졌다. 왜 이렇게 건설산업의 생산성이 빈약한가? 맥킨지글로벌연구소의 진단은 다음과 같다.

첫째, 외부 요인이다. 최근 들어 프로젝트나 현장의 크기와 복잡성이 크게 늘었다. 외부 규제와 토지의 파편화 그리고 들쑥날쑥한 공공건설투자도 문제다. 비공식성(informality)과 부패(corruption)가 시장을 왜곡시키고 있다.

둘째, 내부 요인이다. 건설사업의 프로세스 자체가 불명확하고 고도로 파편화되어 있다. 계약구조와 인센티브의 결합도 제대로 되어 있지 않다. 발주자의 전문성 부족도 문제다.

셋째, 기업차원의 근본적인 실행역량 부족이다. 설계과정이 부적절하고, 프로젝트 관리나 실행기반이 빈약하다. 기능인력이나 감독자의 숙련도 부족도 문제다. 디지털화, 혁신 및 자본 확충을 위한 투자도 부족하다.

왜 혁신이 필요한가?

　제조업과 마찬가지로 건설산업도 글로벌 경제나 국가경제에서 차지하는 비중이 매우 크다. 글로벌 GDP에서 차지하는 건설 관련 투자 비중은 13%(약 9.5조 달러, 2014년 기준)나 된다. 그것도 연평균 3.6%씩 늘어나서 2025년에는 14조 달러를 기록할 전망이다.[3] 이처럼 방대한 시장규모를 가진 건설산업의 생산성 증가율은 1%에 불과하다.

　이처럼 건설산업의 생산성 증가율이 낮은 것은 디지털화 수준이 낮기 때문이기도 하다. 정보통신산업과 같이 디지털화 수준이 높은

● **디지털화 수준과 생산성 증가의 상관관계**

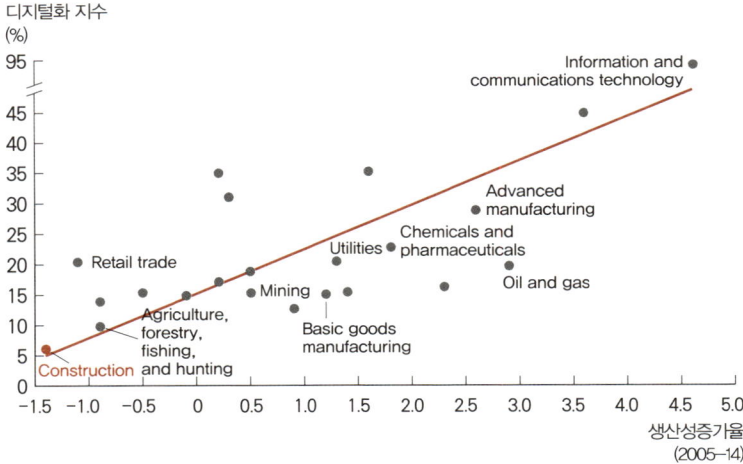

자료: MGI(Feb.2017), *Reinventing Construction: A Route to Higher Productivity*, p.57.

산업은 생산성 증가율도 높았다. 디지털화 수준이 낮을수록 생산성 증가율도 낮았다. 건설산업의 디지털화 수준은 전체 산업 중에서도 꼴찌 수준이다.

만약 건설산업의 혁신을 통해 글로벌 경제의 생산성 증가율(2.8%)만큼만 생산성이 향상되어도 연간 1.6조 달러의 부가가치가 창출된다. 이 금액은 전 세계 연간 인프라 투자 소요액의 절반이나 되고, 글로벌 GDP를 2%가량 높일 수 있는 수준이다. 건설산업은 시장규모에 비해서 생산성 향상 수준이 너무 낮기 때문에 역설적으로 그만큼 생산성 향상의 여지가 크고, 글로벌 경제에도 큰 파급효과를 가져올 수 있다.

사회적·환경적인 측면에서도 건설산업의 생산성 향상은 큰 파급효과가 있다. 연간 10조 달러에 달하는 건설 관련 투자비를 1%만 줄여도 사회적으로는 연간 1,000억 달러를 절감할 수 있다. 환경적 측면에서 효과적으로 탄소배출량을 줄이고 30% 이상 에너지를 절약할 수 있다.

특히 글로벌 금융위기 이후에는 유럽과 미국에서도 일자리 창출, 경제성장과 인프라 투자 확대를 통한 국가경쟁력 확보 측면에서 건설산업의 중요성에 대한 인식의 전환이 이루어지기도 했다.

어떻게 혁신할 것인가?

Global Construction
& Digital Transformation

글로벌 컨설팅 기관이건 선진국 정부이건 간에 건설산업의 생산성 향상 목표는 대단히 높다. 맥킨지글로벌연구소는 건설산업의 생산성도 50~60% 향상시킬 수 있다며, 그 방안으로 7개 부문에 걸친 혁신과제를 제안하고 있다.[4]

첫째, 규제를 개혁하고 투명성을 제고하라. 좋은 규제는 과정이 아니라 결과 중심이며, 표준화된 건축법규를 만들고, 파편화되기 쉬운 토지를 묶어서 대규모 개발을 유도하는 방향이다. 인허가 과정의 단축과 부패 억제 및 투명성을 높여야 한다. R&D 활동에 대한 정부의 지원도 필요하다. 호주, 독일, 싱가포르, 일본에서 이런 사례를 찾아볼 수 있다.

둘째, 계약제도의 틀을 개편하라. 참여자들 간의 적대적 관계를 협력과 문제해결 중심으로 바꾸어야 한다. 입찰제도는 최저 가격이 아니라 최고 가치(best value)와 실적에 기반을 두어야 한다. 특히 성과향상을 위한 인센티브를 도입해야 한다. 참여자 간의 장기적인 협력관계를 구축하기 위해서는 '통합프로젝트발주방식(IPD: Integrated Project Delivery)'이 적절하다. 또한 초기 기획단계에 충분한 투입을 할 수 있어야 실질적인 생산성 향상을 기대할 수 있다.

셋째, 설계와 엔지니어링 프로세스를 재구축하라. 설계과정에서 시공성을 고려한 가치공학(value engineering)을 제도화하고, 시공도 가능한 한 현장시공을 최소화하는 것이 좋다. 생산성 향상을 위해서는 시공도 제조업의 공장 제조 및 조립방식처럼 전환하는 것이 바람직하다. 건설비용을 절감하기 위해서는 설계와 엔지니어링 프로세스의 재구축이 가장 중요하다.

넷째, 구매조달업무를 개선하라. 규모의 경제를 누릴 수 있는 특정 품목의 구매는 중앙조달을 활용할 필요가 있다. 구매조달업무의 디지털화는 정교한 물류관리와 적기 조달을 가능하게 한다.

다섯째, 현장 실행을 개선하라. 현장에서도 엄격한 기획 프로세스를 도입하고, 발주자와 시공자 간의 관계 개선 및 핵심성과지표(KPI)를 활용해야 한다. 신규 프로젝트 착공 전에 필요한 모든 사전작업을 마쳐야 하며, 현장에서 '낭비와 변동성을 줄이는 린 방식

(Lean Principles)'을 적용하고 상이한 분야 간의 조정이 이루어져야 한다. 조만간 새로운 형태의 디지털 협력(사물인터넷 등)을 통해 현장에서 장비와 자재 파악이 실시간으로 이루어지고 투명성도 더 높아질 것이다.

여섯째, 디지털 기술, 신소재, 고도의 자동화기술 등을 융합하라. 지금도 건설업체들은 디지털 협력도구, 드론과 무인 스캐닝이나 모니터링 기구 및 3D BIM(건설정보모델링: Building Information Modeling)을 활용할 수 있다. 앞으로는 5D BIM, 사물인터넷을 통한 재료·노동·장비의 생산성에 대한 분석, 모바일기기를 통한 건설사업 관리 앱, 클라우드 베이스의 컨트롤 타워, 빅데이터 등을 활용하여 생산성을 높일 수 있을 것이다. 새로운 경량 소재나 공장생산 건설부품도 널리 활용될 것이다. 건설프로젝트에 대한 처방적 분석(predictive analytics)과 패턴 인식도 건설프로젝트의 모니터링을 훨씬 정교하게 만들 것이다. 이 같은 4차 산업혁명 기술만 제대로 활용할 수 있어도 건설산업의 생산성은 14~15%나 늘릴 수 있고, 비용은 4~6% 절감할 수 있다. 만약 건설산업이 표준화나 대규모 공장생산 같은 제조업의 생산시스템을 도입한다면 더 큰 생산성 향상을 기대할 수 있다.

일곱째, 인력을 재교육하여 숙련도를 높여라. 고령화된 건설인력이나 이민자에 대한 재교육 없이 건설산업의 변화를 기대하기 어렵다. 최신 장비나 디지털기기 사용을 위해서는 반드시 직원의 교육훈련이 수반되어야 한다.

- **건설산업의 혁신 방안과 생산성 향상 전망**

  7개 부문의 개선을 통해 건설산업도 전체 경제의 생산성을 따라잡을 수 있다

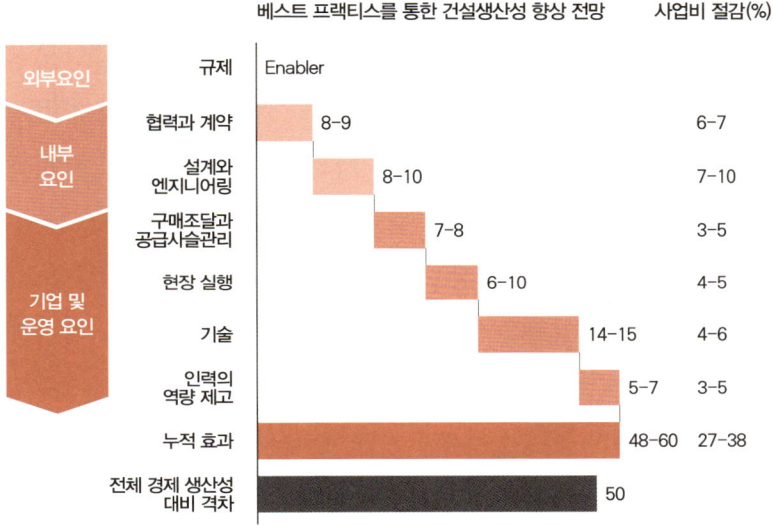

자료: MGI(Feb.2017), *Reinventing Construction: A Route to Higher Productivity*, p.63.

　맥킨지글로벌연구소가 제안한 7대 부문의 혁신방안은 서로 긴밀하게 연결되어 있다. 드론이건 BIM이건 새로운 기술이 도입되려면 규제 개혁이 이루어져야 한다. 새로운 기술을 가진 업체와 협력이 이루어져야 하고 설계와 엔지니어링 프로세스가 달라져야 한다. 구매조달 프로세스나 계약에도 새로운 기술의 도입이 반영되어야 한다. 새로운 기술은 현장 실행과 연계되어야 하고, 그 기술을 활용할 인력의 교육과 훈련이 뒷받침되어야 한다. 4차 산업혁명 기술의 도

입이 건설산업에 정착되려면 이처럼 많은 부문의 변화가 동시에 이루어져야 한다. 그런 변화가 실제로 이루어져야 건설산업이 혁신되었다고 할 것이다.

건설산업의 획기적인 생산성 향상은 공상이 아니다. 아직은 모범 사례 수준이지만, 맥킨지글로벌연구소가 제안한 혁신적인 방법의 적용으로 획기적인 생산성 향상을 기록한 실제 사례는 전 세계적으로 많다.[5] 스페인에서는 4층짜리 집합주택(multi-family house)을 과거의 전통적 방법으로 시공했을 때보다 5~10배나 동일한 노동 투입으로 더 많이 지은 사례가 있다. 핀란드에서는 소규모 광산에 필요한 플랜트를 20% 적은 자본투입, 30% 적은 인력 투입으로도 30%나 더 빨리 설치한 사례가 있다. 중국에서는 30층짜리 호텔을 단 15일 만에, 공사비는 10~30%까지 적게 투입하고도 완공했다. 이런 사례에서 도출된 검증된 방법을 확산하여 글로벌 건설산업의 생산성 혁명을 달성할 수 있을 것이다.

건설산업 속으로
들어온 디지털화

앞서 살펴본 맥킨지글로벌연구소의 7가지 대안은 대부분 규범적인 제안으로 생각될 것이다. 4차 산업혁명은 여전히 건설산업에 '아직 오지 않은 미래'로 생각하는 사람들이 많다. 심지어 건설산업 전문가들조차 종종 건설산업에서 4차 산업혁명을 운운하기는 너무 이르니 2차, 3차 산업혁명이나 제대로 하자고 한다.

글로벌 컨설팅 기관인 프라이스워터하우스쿠퍼스는 2016년 26개국의 9개 산업분야 2,000여 명을 대상으로 4차 산업혁명 실태에 관한 광범위한 조사를 시행했다.[6] 프라이스워터하우스쿠퍼스의 조사결과는, 건설 및 엔지니어링 분야에서도 4차 산업혁명이 먼 미래의 일이 아니라 '이미 와 있는 미래'임을 보여준다. 건설산업의 4차 산업혁명도 '구호에 그치는 것이 아니라 실제로 작동하고 있다 (from talk to action)'는 것이다.

프라이스워터하우스쿠퍼스에 따르면, 건설 및 엔지니어링 기업들도 향후 5년 내 연간 매출액의 5% 이상을 디지털 솔루션 개발에 투자할 계획을 갖고 있었다. 특히 응답자의 44%는 상품개발 및 엔지니어링 분야(자동화된 자료 수집 및 저장과 접근, 3D 설계, 진도 관리,

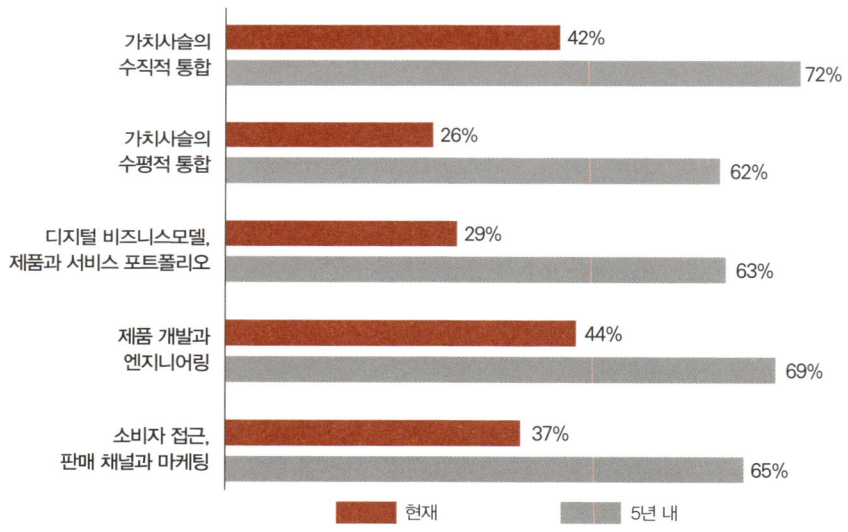

● 건설 및 엔지니어링 기업의 디지털화와 통합수준에 대한 평가

자료: PwC(July 27, 2016), *Industry 4.0: Building the digital enterprise*, p.4.

가상 시험 등) 디지털화가 이미 높은 수준에 도달한 것으로 평가했다. 시공과정의 수직적 통합은 수평적 통합에 비해서 디지털화 수준이 더 높았다. 건설업체 내부에서 이루어지는 '기획-설계-시공-유지관리'에 이르는 건설 프로세스상의 수직적 통합은 상대적으로 덜 어려울 수 있다. 하지만 건설업체 외부의 자재나 장비 공급업체 등과의 수평적 통합은 공급사슬 자체가 파편화되어 있기 때문에 상대적으로 더 어려울 수밖에 없다. 향후 시설물에 부착되는 각종 센서와 자동화 장치들은 건물과 인프라 시설의 생애주기에 걸쳐 에너지 관리, 유지관리 및 스마트 빌딩이나 스마트 시티와 결합하게 될 것이다.

글로벌 건설 및 엔지니어링업체의 고위 임원들은 디지털화에 힘입어 향후 5년간 건설산업의 연간 매출액이 추가적으로 2.7%씩 늘고, 비용은 3.4%씩 줄어들 것으로 전망했다. 고객과의 디지털 상호작용(digital relationship)도 심화될 것이고, BIM 활용으로 연관된 참여자들과의 상호관계가 강화되면서 협력 증진, 낭비 제거 및 불확실성 축소와 같은 성과도 더 커질 것으로 기대하고 있다. 하지만 디지털화를 촉진하는 데 있어서 여전히 사람과 조직문화를 가장 큰 도전과제로 평가했다.

글로벌 건설 및 엔지니어링업체의 고위 임원들은 데이터 분석과 신뢰가 4차 산업혁명의 기반이며, 기업 전반에 걸쳐 탄탄한 데이터 분석 역량의 확보가 중요하다는 점을 강조했다. 또한 응답자의 과반수 이상은(56%) 디지털 투자수익(ROI: Return on investment)을

2년 내에 거둘 수 있다고 답했다.

 이와 같은 조사결과를 토대로 프라이스워터하우스쿠퍼스는 디지털 성공을 위한 청사진으로 '4차 산업혁명 전략 지도 작성 → 초기 시범사업 창출 → 필요 역량 정의 → 데이터 분석의 달인되기 → 디지털 기업으로 전환하기 → 생태계 접근법(ecosystem approach) 적극적으로 실행하기' 등을 제안했다.

2

글로벌 건설산업, 이렇게 바뀌고 있다

4차 산업혁명의 물결은 이미 글로벌 건설산업을 바꾸고 있다. 4차 산업혁명의 핵심적인 기술들은 허구가 아니다. 실제 건설 프로젝트에 적용되면서 획기적인 생산성 향상 성과를 거두고 있다. 4차 산업혁명에 대한 본격적인 논의가 2016년 1월 다보스포럼에서부터 시작되어서인지 실제 사례에 대한 소개도 2016년 이후 봇물처럼 터져 나오고 있다. 건설산업이 어떻게 바뀌고 있는지에 대해서도 맥킨지글로벌연구소, 딜로이트, 보스턴컨설팅그룹, 롤랜드버거, 프라이스워터하우스쿠퍼스, KPMG 같은 글로벌 컨설팅 기관들이 대거 보고서를 쏟아내고 있다. 이 책에서는 대부분 2016년 이후에 발간된 자료들을 중심으로 글로벌 건설산업의 변화상을 10가지로 요약했다.

1. 혁신적인 건설 스타트업이 급증하고 있다.
2. 건설산업의 디지털 전환이 이루어지고 있다.
3. 스마트 디지털 기술이 건설프로세스를 바꾸고 있다.
4. 공통의 플랫폼(BIM)이 널리 활용되고 있다.
5. 건설현장의 자동화가 급속하게 진전되고 있다.

6. 공장 제작 및 조립방식이 확산되고 있다.
7. 건설상품은 스마트 상품으로 바뀌고 있다.
8. 계약제도 혁신으로 협력 문화가 확산되고 있다.
9. 새로운 사업과 비즈니스모델이 확산되고 있다.
10. 건설투자와 건설일자리가 늘어나고 있다.

이 책은 혁신적인 건설 스타트업과 건설산업의 디지털 전환이 산업구조를 어떻게 바꾸고 있는지에 초점을 두고 있다. 디지털 기술은 이미 건설사업의 프로세스를 바꾸고 있고, 건설현장의 자동화를 진전시키고 있다. 현장 시공보다는 공장 제작이나 조립방식의 활용도가 높아지고 있다. 스마트 시티나 스마트 인프라처럼 모든 건설상품들이 스마트 상품으로 바뀌고 있다. 새로운 기술의 도입과 프로세스 변화는 구매조달이나 계약제도의 변화와 함께 건설사업 참여자의 문화도 바꾸고 있다. 인공지능이나 자동화 및 건설로봇 활용으로 건설일자리가 줄어들기도 하지만, 전체적으로는 경제성장과 급속한 기술발전으로 더 많은 건설투자와 건설일자리 창출이 이루어질 것이다.

변화 1
혁신적인 건설 스타트업이 급증하고 있다

4차 산업혁명은 혁신적인 기술 기반의 창업기업들(Start-Ups)이 주도하고 있다. 기득권을 가진 오래된 대기업이나 중견·중소기업들은 혁신적인 스타트업의 시장진입을 방해하거나, 스타트업을 뒤따라가거나, 경우에 따라서는 스타트업을 인수(M&A)하여 부족한 경쟁력을 보강하기도 한다. 다른 산업부문보다 다소 적을지는 모르지만, 글로벌 건설산업에서도 혁신적인 기술에 기반한 스타트업이 급증했다. 이들 중 어떤 스타트업은 아예 대놓고 건설산업을 근본적으로 바꾸겠다고 공언하고 있다.

건설 스타트업의 도구와 솔루션

맥킨지글로벌연구소는 2017년 1,000개 이상의 건설기술 기반 스타트업들이 어떤 도구와 솔루션을 제시했고, 프로젝트 단계별로 어떤 기능과 역할을 하는지에 대한 광범위한 조사결과를 발표했다.[1] 이들 기업들은 2011~2017년 초까지 약 100억 달러를 투자받았다.

맥킨지글로벌연구소는 건설 스타트업들의 도구와 솔루션을 디지털 설계(digital design), 시공 이전(pre construction), 시공(construction), 운영 및 유지관리(operation and maintenance) 단계 등 4단계로 구분했다. 1,000여 개의 건설 스타트업 대부분은 시공단계에서 11개 영역에 적용되는 도구와 솔루션을 개발하여 ERP와 연결시키고 있었다. 약 200개 사 정도가 시공 외에 설계, 시공 이전, 운영 및 유지관리 단계의 솔루션을 제공했다.

건설 스타트업이 제시한 수많은 도구와 솔루션의 내용은 크게 3가지로 구분된다.

첫째, 현장 실행과 관련하여 현장 생산성, 안전 모니터링 및 품질관리를 위한 것들이다.

둘째, 설계관리, 계약관리, 성과관리, 서류관리 등을 통해 디지털 협력을 제고하는 것이다.

셋째, 회계, 재무, 인력 등 지원부서 업무를 지원하는 것이다.

건설 스타트업들은 건설업체보다 기계 및 장비 제조업체들과 협

● 1,000여 개 건설 스타트업의 도구와 솔루션의 활용 영역

디지털 설계 스케치부터 시공도면에 이르는 설계과정에서 문서관리 및 통합 지원

시공 이전(Pre construction)

견적 입찰시 견적 자동화와 정확도 개선	**참여자 관리** 사업개발 참여자에게 대시보드 제공	**정보** 과거 프로젝트와 경쟁자 정보수집과 분석	**시장** 참여자 평가, 선정 위한 플랫폼창출

시공(Construction)

설계관리	일정관리	자재관리	현장생산성관리	장비관리
• 모바일 플랫폼에 도면의 비주얼화, 현장의 3차원 모델 • 블루프린트의 업데이트	• 실시간으로 창출, 배분, 우선순위 설정 • 온라인 진도 추적 • 작업계획과 일정의 즉시 전달	• 공급사슬을 따라 자재 식별, 추적, 배치	• 실시간 직원 배치 • 전문공종별 지원인력관리 • 공종과 인력수준별 현장생산성 추적	• 건설장비 추적과 관리

품질관리	계약관리	성과관리	문서관리	안전관리
• 앱에서 도면과 태그로 현장 감독 • 준공을 위한 하자 리스트 추적과 업데이트	• 계약 및 법적 의무사항 체크리스트 확인과 업데이트 • 계약조건에 관한 발주자와 계약자 간 협의기록 업데이트 • 하도급자 평가와 대금지급 관리	• 진도와 성과 모니터링 • 현장데이터로 자동 창출된 대시보드 제공 • 인력현황 업데이트, 모바일 기기로 기존 보고서 리뷰	• 서류 업로드 및 배포 • 단계별 프로젝트 진행 현황 검색 • 현장 정보 공유	• 현장의 안전사고 추적 및 보고 • 현장근로자에게 안전에 관한 절차 및 조언 제공

전사 자원관리 시스템(Enterprise-Resource-Planning systems)

운영관리(Operation and management)

업무 순서 관리	건축물의 원격관리	시스템 관리의 처방적 분석	중소 프로젝트 관리	시설물의 성과와 운영 기록에 기반한 자산관리

자료: Mckinsey&Co.(July 2017), *The new age of engineering and construction technology*, p.3

력하는 사례가 많았다는 사실도 주목할 만하다. 건설기계나 장비에서 생성되는 수많은 정보를 수집하고 분석하여 교체 주기 등에 대한 예측적 분석을 시행하거나, 드론과 사물인터넷(IoT)을 활용한 각종 모니터링, 웨어러블 기기나 가상 및 증강현실 기술을 활용한 안전관리를 위해서는 기계 및 장비 제조업체들과의 협력이 필요했던 것이다.

758% 매출 성장률 기업, 프로코어

미국의 시장조사기관인 CB인사이트(CB insights)에 따르면, 많은 건설 스타트업들이 현장관리, 기계·장비, 건설자재 등 여러 영역에서 건설산업을 바꾸고 있다.[2] 미국 건설산업에서는 특히 모바일과 클라우드 기술, 인공지능과 로봇, 증강현실과 가상현실, CAD(Computer Aided Design) 기술 관련 창업기업들이 급증하고 있다. CB인사이트는 미국의 건설산업부문 100대 스타트업을 협력 소프트웨어업체, 기계 및 장비 공유업체, 선도기술과 로봇업체, 설계기술업체, 재고 및 공급사슬 관리업체, 리스크 관리업체, 데이터와 분석업체, 재무관리업체 등으로 구분하고 있다. 그 중에서도 가장 많은 스타트업이 탄생한 것은 프로젝트 및 업무관리, 디지털 공정관리, 입찰관리 등과 같은 '협력 소프트웨어(collaboration software)' 영역이다. 이 영역에도 유니콘 기업이 있다. 프로젝트 관

2010년부터 급성장하기 시작했으며, 최근 3년간 매출액 성장률이 758%에 달하는 클라우드 기반 건설관리 플랫폼 기업 프로코어(사진: 프로코어 홈페이지).

리를 위한 모바일 솔루션을 제공하는 클라우드 기반 건설관리 플랫폼 기업인 '프로코어(Procore Technologies)'를 보자.

미국 실리콘밸리에 있는 프로코어는 2003년 6명의 직원으로 출발하여 2016년 말 유니콘 기업이 되었다. 프로코어는 대형 건설사업에 참여하는 건설업자, 부동산 소유자, 건설사업관리자(PM), 시공자, 파트너들이 서류·기획·데이터 공유가 가능하도록 만든 건설사업관리 소프트웨어 1위 업체다. 2015년 말 1,600여 명의 고객을 확보했고, 2016년 매출액이 5,560억 달러였으며, 직원 수는 931명이었다. 2003년 설립 당시에는 스마트폰도 없었고 지금보다 디지털화 수준이 훨씬 열악했던 탓으로 성장세가 저조했다. 하지만 2010년부터 급성장하기 시작했으며, 최근 3년간 매출액 성장률이 758%에 달할 정도다. 이 회사는 클라우드 기반의 건설사업관리 소프트웨어 외에 사용자가 앱으로 프로젝트 데이터를 검토하고, 새로운 데이터를 창출하고 편집하여 공유할 수 있는 프로코어 모바일(Procore Mobile), 서류관리 플랫폼(Procore Drive), 클라우드 기반의 중요 프로젝트 데이터 관리 소프트웨어(Procore) 등을 제공하고 있다.[3]

건설산업을 근본적으로 바꾸겠다는 기업, 카테라

2015년 미국의 실리콘밸리에서 창업하여 유니콘 기업으로 성장한 카테라(Katerra)는 건설산업을 근본적으로 바꾸겠다는 스타트업이다.[4]

카테라는 창업 2년 만에 미국의 25대 집합주택(multi-family house) 전문 건설업체가 되었다. 창업 초기에 벤처캐피탈로부터 2억 500만 달러를 투자받았으며, 4개국에 오피스가 있다. 2016년에는 5억 달러의 수주실적을 기록했으며, 직원 수는 550명에 달한다. 2018년 1월에는 일본의 '소프트뱅크 비전 펀드'로부터 8억 6,500만 달러의 투자를 유치했다. 2019년까지 건축자재 공장을 4~5개 더 지을 계획이기 때문에 외부로부터의 투자유치가 필요했을 것이다.[5]

카테라는 기술, 제조, 부동산부문에서 오랜 경력을 갖고 있던 세 사람이 창업했다. 그 중 한 사람은 전기자동차로 유명한 테슬라의 최고경영자를 역임했다. 이들이 창업한 계기는 대형 건설사업에서

실리콘밸리에서 탄생한 혁신 건설기업 카테라. 카테라는 침체되고 비효율적인 전통 건설산업에 혁신을 불어넣었다(사진: 카테라 홈페이지).

일반건설업과 전문건설업 간의 네트워크나 생산체계가 너무 광범위하고 복잡해서 부동산사업주들이 건설비용을 산정하지 못하는 문제를 발견한 데서 출발했다고 한다.

카테라는 기존의 전통적인 건설생산방식을 탈피하여 새로운 비즈니스모델을 구축했다. 카테라의 새로운 비즈니스모델은 '사업기획 및 설계 → 자재 구매 → 건축자재 제조 → 물류 → 시공'에 이르는 건설사업의 가치사슬을 '설계 → 자재납품 → 시공'으로 단순화해, 미국에서 최초로 건설생산과정을 수직적으로 통합(vertical integration)한 것이다.[6]

카테라의 비즈니스모델은 3가지 측면에서 혁신적이다.

첫째, 전체 건설생산단계에 걸쳐 최적화된 플랫폼을 구축하여 개별 프로젝트 단위로 파편화된 생산체계가 가진 한계를 극복함으로써 생산성 혁신을 이루었다. 그 과정에서 BIM, 클라우드 기반의 기업 전사 자원관리시스템(ERP: Enterprise-Resource-Planning system), 자재 추적 관리시스템 등 각종 소프트웨어와 하드웨어를 적극적으로 활용했다.

둘째, 글로벌 공급망을 구축하여 품질과 가격경쟁력을 확보했다. 카테라는 미국과 중국에 첨단 제조시설을 갖춘 건축자재 공장을 운영하고 있다. 여기서 건축물의 구조 부재부터 주방 및 욕실용품에 이르는 거의 모든 건축자재 공급을 원스톱 서비스로 제공하고 있다. 별도의 물류센터 운영을 통해 적기 납품 체계(JIT: Just In Time)도 구축했다. 개별 프로젝트마다 수많은 자재 공급업체나 제조업체 선정으로 인한 비효율성을 극복하고자 카테라가 직접 현장 검사, 제품 인증 및 선적 전 검사 등을 통해 우수 공급업체를 사전에 선별하고, 이를 네트워크 서비스를 통해 제공함으로써 품질확보와 가격협상력에서도 우위를 차지하고 있다.

셋째, 기존의 '공장 제작 및 조립방식(prefabrication)'이 안고 있는 문제점을 극복하고, 고객맞춤형으로 설계를 차별화했다. 카테라는 공기 단축과 품질확보를 위해 현장 시공 비중을 줄이고 공장 제작 및 조립방식을 주로 활용하고 있다. 공장에서 건축자재를 제작하게 되면 아무래도 설계가 획일화될 소지가 높다. 그렇기 때문에 공장 제작 및 조립방식은 소비자도 싫어하고, 창의적인 건축설계를 선호하는 설계자들은 더더욱 싫어한다. 카테라는 이 문제를 해결하기 위해서 유명 건축가들과 '협업체계(Katerra Design Consortium)'를 구축했다. 동시에 고객 선호에 따라 개별 프로젝트마다 다른 방식으로 자재를 활용할 수 있는 표준 부품을 개발하여 다양한 사용자 변형과 차별화된 설계가 가능하도록 했다.

또한 공장 제작 및 조립방식 활용 시 공장에서 사전 제작한 자재의 운송비용 최소화를 위해 구체적인 제작기준도 마련했다. 현장의 생산성 극대화를 위해서 체계적인 기능인력 관리시스템도 개발하여 운영하고 있다.

카테라가 제공하는 서비스는 건축설계와 엔지니어링, 인테리어 디자인, 건설사업관리(CM)와 계약, 노무관리, 리노베이션 등이 있다. 공장에서 생산하는 물건은 철구조물, 다량의 목재, 주방·목욕용품, 마감재 등 매우 다양하다. 사업영역은 집합주택이 주력이지만, 점차 실버주택이나 기숙사 등으로 확대하고 있다.[7] 이 같은 카테라의 비즈니스모델은 부분적인 영역에서는 경쟁자가 있지만, 수직적으로 통합된 전체 프로세스에서는 경쟁자가 아직 없는 것으로 평가되고 있다.

 카테라 같은 '건설기술기업(constructech)'의 비즈니스모델은 건설산업이 사양산업이라거나 낙후산업이라는 인식이 잘못되었다는 것을 증명해주고 있다. 4차 산업혁명의 핵심적인 기술을 대거 활용하고 있고, 생산방식의 수직적 통합을 달성했으며, 현장시공에서 공장 제작 및 조립방식으로의 획기적인 전환을 달성했다. 한마디로 건설산업을 근본적으로 바꾸고 있는 혁신적인 스타트업이다. 카테라 모델은 미국뿐만 아니라 전 세계적으로 서민주택(affordable house)을 대량 공급하기 위한 모델로 확산될 수 있다.

변화 2
건설산업의 디지털 전환이 이루어지고 있다

다른 산업보다 느리고 크게 뒤처져 있긴 하지만, 건설산업도 '디지털 전환(digital transformation)'이 이루어지고 있다. 새로운 기술, 새로운 소프트웨어로 무장한 스타트업들이 건설산업의 디지털화를 견인하고 있기도 하지만, 기존 건설업체들도 생산성을 높이고 경쟁력을 갖기 위해서는 디지털화가 불가피하다.

유럽 건설산업의 디지털화 수준

선진국 건설산업의 디지털화 수준이 어느 정도인지 독일과 오스트리아 및 스위스 건설 최고경영자를 대상으로 한 독일 컨설팅업체 롤랜드버거의 조사결과를 살펴보자.[8]

롤랜드버거는 건설산업의 디지털화 영역을 크게 4가지로 구분하고 있다. 첫째, 디지털 데이터(digital data)다. 서로 긴밀하게 얽힌 건설산업의 가치사슬에서 유용한 정보를 전자적으로 수집하고 분석하는 것이다. 둘째, 새로운 디지털 기술을 활용하여 자율적이고 자기 조직화하는 시스템을 만드는 자동화(automation)다. 셋째, 모바일 기기를 통해 인터넷이나 내부의 네트워크에 접속할 수 있는 데이터 접속(data access)이다. 넷째, 여러 가지 활동들을 연결하고 동시화할 수 있는 연결성(connectivty)이다.

이들 4가지 영역별로 건설사업의 가치사슬인 '물류 → 구매 및 조달 → 제작 및 시공 → 마케팅 및 영업 → A/S 및 최종 소비자 마케팅' 등 각 부문에서 잠재적인 디지털화 가능성이 어떤지를 건설 최고경영자들에게 물어 보았다. 그 결과 '제조 및 시공부문'에서는 자동화의 혜택이 가장 높다고 응답했고, '물류부문'에서는 디지털 데이터의 혜택이 가장 높을 것으로 응답했다. 하지만 아직까지는 4가지 영역별로 가치사슬의 모든 부문에서 디지털화가 진전되지 못했다는 사실을 인정하고 있다.

롤랜드버거가 제안하는 건설산업의 디지털 기술

롤랜드버거는 향후 8가지 디지털 기술이 건설산업의 생산성을 향상시키고 큰 파급효과를 초래할 것이라고 단언한다.[9]

첫째, 전자입찰이다. 독일의 공공건설부문에서 전자입찰은 80~90%가량 활용된다. 영국과 이탈리아는 9만 유로 이상 공공공사에서 100% 적용하고 있다. EU도 투명성과 효율성을 이유로 전자입찰을 요구하고 있다. 건설업체들도 이 같은 정부의 '디지털 요구(digital call)'에 얼마나 잘 대응하느냐가 중요하다. 건설자재 공급업체들도 모든 제품을 CAD같은 디지털 채널을 통해 기획과정에 반영하는 것이 중요하다.

둘째, 디지털 구매조달 플랫폼이다. 구매조달이 건설사업에 차지하는 비중은 매우 큰데, 디지털 플랫폼을 통해 5~10%가량 비용을 절감할 수 있다. 이미 스웨덴 건설업체인 스칸스카(Skanska)는 건설자재의 절반 정도를 디지털 플랫폼을 통해 구매조달하고 있다.

셋째, 스마트 빌딩의 현장 물류(site logistics)도 디지털 기술을 활용하여 최적화되고 있다. 자재나 장비 공급 소프트웨어를 활용한 적기 공급(just in time), 스마트하고 상호연결된 건설기계 및 장비의 공급, GPS나 RFID 기술의 활용, 물류와 관련된 각종 소프트웨어 솔루션 등이 현장 물류를 최적화해 줄 것이다.

넷째, 드론과 로봇 등의 현장 활용도 늘어날 것이다. 드론을 통한 대규모 빌딩 현장 및 공사 진척도 모니터링이나 준공현장의 에너지 손실도 측정 등이 보편화될 것이다. 3D 레이저 기술을 통해 부지 조사와 더불어 현장의 상하수도관이나 전화선 등을 조기에 식별하고, 데이터를 현장의 건설사업관리자가 즉시 활용할 수 있도록 디지털로 전송할 수 있다. 모바일 클라우드 솔루션, 건설로봇, 3D 프린터도 현장에서 갈수록 널리 활용될 것이다.

다섯째, 건설자재 공급업체들도 생산과정의 디지털화를 추진할 것이다. 건설자재의 생산은 스마트 공장과 로봇 활용 등을 통해 자동화가 크게 진전될 것이다. 생산된 제품의 이동도 RFID 칩을 통해 어디로 가든지 추적이 용이하다.

여섯째, 디지털 판매가 보다 직접적인 서비스를 촉진하고, 디지털 솔루션은 고객관리에도 큰 기여를 할 것이다. 이미 유럽에서는 조립식가구(DIY)의 온라인 판매가 2006~2015년 연간 성장률이 31%나 될 정도로 커졌다. 고객과의 소통 관점에서 모바일 앱은 갈수록 중요해질 것이다.

일곱째, 프로젝트 종료 후에도 디지털 A/S(after sales)기술의 활용도는 더 높아질 것이다. 건설자재업체인 시멕스(Cemex)는 스마트 사일로(Silo)를 통해 얼마나 많은 시멘트가 사일로에 남아 있는지를 고객에게 알려주는 서비스를 제공하고 있다. 이를 통해 새로운 구매조달을 유도하고 있다.

끝으로, BIM은 곧 모든 건설현장에서 표준이 될 것이다. 이미 EU는 2014년도 지침에서 공공부문 낙찰자 선정기준의 하나로 BIM 활용을 권고했다. 독일도 2015년 말 EU지침에 따라 2020년부터 공공인프라사업에 BIM 적용을 의무화했다. 영국, 네덜란드, 덴마크, 핀란드, 노르웨이도 유사한 규제를 시행하고 있다.

흔히 건설산업은 신기술 채택이 늦고 디지털화도 뒤떨어졌다고 한다. 하지만 글로벌 건설산업은 디지털 센서, 지능형 기계, 모바일 기기, 새로운 소프트웨어에다가 BIM 같은 플랫폼을 활용하는 '디지털 전환'이 이루어지고 있다. 설계와 엔지니어링 단계에서는 BIM 을 통해 설계 결함이나 시공성을 검토하는 일이 일상화되어 있다. 시공단계에서는 드론이나 공장 제작 자재를 활용하고, GPS나 RFID를 통해 자재, 장비 및 근로자의 활동을 관리하고 있다. 건설 로봇, 3D 스캐너, 자율주행차의 활용도 확산되고 있다. 운영단계에는 센서를 통한 모니터링, 노후도 체크 등이 이루어지면서 사후적이 아니라 예방적인(predictive) 유지관리가 이루어지고 있다. 증강현실, 가상현실 등이 광범위하게 활용되고 있으며, 빅데이터의 축적과 분석도 활발하다.

맥킨지가 내다본 건설 디지털 기술 5가지

맥킨지글로벌연구소는 건설산업을 변화시킬 핵심적인 미래 디지털 기술 5가지를 제시하면서, 이들 기술은 건설산업에서 이미 활용되고 있다는 것을 강조하고 있다.[10]

첫째, 고해상도의 지리 정보 및 조사 기술이다. 고해상도 사진이나 3D 레이저 스캐닝과 지리정보시스템(GIS)의 통합은 드론이나 무인항공기술의 발달로 가능해졌다. 건설산업에서 이런 기술들을 활용하여 프로젝트 현장의 지상과 지하 이미지를 3D로 표현하고, 기획과 시공과정 전반에 걸쳐 분석 및 시각화에 널리 활용될 것이다.

둘째, 차세대 5D BIM이다. 5D BIM은 기존의 3D BIM에 더하여 비용(cost)과 사업기간(schedule)도 식별, 분석, 기록할 수 있다. 이를 통해 리스크를 조기에 인식하고, 더 나은 의사결정이 가능하다. BIM은 증강현실 기술에 힘입어 더욱 발전할 것이며, 시공과 유지관리 및 운영 시스템 전반을 변화시킬 것이다.

셋째, 디지털 협력과 모바일 기기다. 건설 프로세스의 디지털화는 종이에서 온라인으로, 정보의 실시간 공유로 투명성과 협력을 확보하게 된다. 적절한 진도관리와 리스크 평가도 가능해지며, 품질관리 등을 통해 궁극적으로 더 나은, 더 신뢰할 수 있는 결과를 창출할 수 있다. 또한 발주자와 시공자들은 디지털 협력과 현장의 모바일 솔루션 배치를 시작하고 있다. 글로벌 건설업체들은 소프트웨어 업체들과 협력하여 클라우드 기반의 모바일 현장감독 플랫폼을 구축하여 기획, 엔지니어링, 통제 및 예산관리 등의 업무를 통합하고 있다. 개개인이 갖고 있는 모바일 기기도 연결성 제고는 물론 업무와 설계변경 관리, 사업기간 및 자재관리, 배송, 생산성 측정, 부정기적 보고 등 수많은 영역에서 활용되어 생산성을 높이는 데 크게 기여할 것이다.

넷째, 사물인터넷과 분석기술이다. 지금도 이미 건설기계, 장비, 재료, 구조 등이 중앙데이터 플랫폼에 연결되어 장비의 모니터링 및 수리, 재고관리와 주문, 품질평가, 에너지 효율, 안전 등에 널리 활용되고 있다. 사물인터넷으로 수많은 데이터가 창출되고, 이를 분석하는 기술도 발달하여 효율성과 적시성의 향상 및 리스크 관리에도 크게 기여할 것이다.

다섯째, 신소재와 신기술 개발에 따른 새로운 설계와 시공이다. 박테리아를 활용하여 콘크리트에 생긴 틈을 없애는 자기교정 콘크리트(self-healing concrete) 같은 새로운 건축소재가 개발되면 프로젝트의 개념과 설계 및 시공과정도 달라질 수 있다. 또한 공장 제작 및 조립방식도 널리 활용될 것이다. '적층 가공' 방식이라고 하는 3D 프린팅이나 건설로봇과의 협력을 통한 시공도 늘어갈 것이다. 이 같은 사례가 늘면서 건설업체들도 내부의 기획, 설계, 시공 프로세스를 근본적으로 변화시킬 것이다.

맥킨지글로벌연구소는 미래 디지털 기술이 건설산업을 변화시키기 위해서는 계약의 투명성과 참여자 간의 위험분담, 투자효율성을 중시하는 투자, 새로운 솔루션 설계 시 현장에서 사용자가 쉽게 활용할 수 있도록 단순성 확보, 지속적인 변화관리(change management) 등이 필요하다고 강조한다.

변화 3
스마트 디지털 기술이 건설프로세스를 바꾸고 있다

4차 산업혁명은 스마트 디지털 기술이 주도하고 있다. 건설산업의 가치사슬에서도 스마트 디지털 기술의 활용이 급증하고 있으며, 그 결과 설계와 엔지니어링 단계에서 시공 및 유지관리에 이르는 전체 생애주기에 걸친 건설프로세스와 운영을 바꾸고 있다.

빅데이터 분석은 시공과 운영단계에서 창출되는 방대한 데이터로부터 새로운 통찰을 얻을 수 있다. 시뮬레이션과 가상현실을 통해서 설계와 엔지니어링 단계에서 상호의존하고 있는 것이 무엇인지, 충돌하는 것이 무엇인지를 발견할 수 있고, 설계단계에서 생생

● 건설산업의 가치사슬에 적용되는 디지털 기술

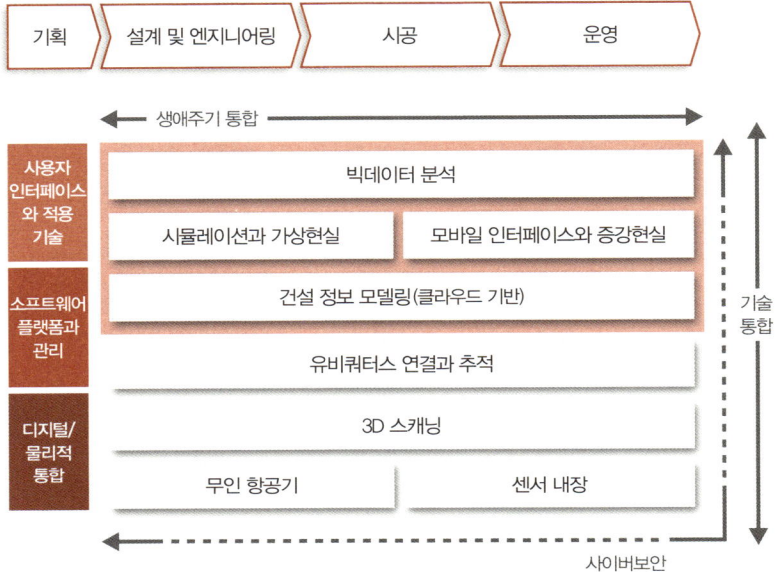

자료: WEF(May 2016), *Shaping the Future of Construction*, p.23.

한 가상 경험을 얻을 수 있다. 모바일 기기의 연결과 증강현실을 통해 기업은 실시간 소통이 가능해지고, 건설근로자들은 현장의 다양한 정보를 얻을 수 있다. 드론과 각종 센서를 통해 기업은 실시간 소통은 물론이거니와 사람, 장비, 시공 프로세스를 추적할 수 있다. 3D 스캐너를 통해 시설물을 디지털로 구축할 수 있을 뿐만 아니라 시공과정에서 변형을 재빨리 탐지하여 수정할 수 있다. 이 같은 디지털 기술의 활용은 공장 제작 및 조립, 자동화, 3D 프린팅 같은 혁신을 촉진하고, 초기 설계 및 기획이나 프로젝트 관리

(PM: Project Management) 같은 프로세스를 개선하는 데도 기여하고 있다.

보스턴컨설팅그룹은 만약 이 같은 디지털 기술의 활용이 비주거 건축에서 충분히 이루어진다면, 10년 내에 연간 글로벌 사업비는 엔지니어링과 시공과정에서 0.7~1.2조 달러 절감할 수 있고, 운영단계에서도 0.3~0.5조 달러나 절감할 수 있다고 한다.[11]

시설물의 운영과 유지관리에도 새롭고 혁신적인 많은 스마트 디지털 기술들이 활용되고 있고, 이를 통한 새로운 사업기회도 늘어나고 있다.[12] 도로, 교량 등을 가릴 것 없이 내장 센서(embedded sensors)로 빛, 열, 움직임에 반응하면서 유지관리의 효율성을 높이고 비용 절감이 이루어지고 있다. 상호연결된 센서는 사물인터넷으로 작동하면서 인프라의 효율적인 유지관리에 기여하고 있다. 데이터 분석기술(data analytics)도 널리 활용된다. 스마트 도로의 교통량에 대한 정보를 수집하여 중앙통제소에 보내면 매일 데이터 분석을 통해 수천대 차량의 교통흐름을 개선할 수 있다. BIM도 유지관리 시 비용을 절감하고 안전을 개선하는 데 크게 기여하고 있다. 자동화를 통해 도시의 무인 경량 철도를 운행하여 시간당 2만 6,000명을 실어 나르기도 한다. 인프라 간의 연결성이 심화되고 있기 때문에 사이버 보안(cyber security)도 중요하다. 그 밖에 증강현실이나 적층제조 혹은 모바일 인터페이스도 운영 및 유지관리에 활용되고 있다.

변화 4
공통의 플랫폼(BIM)이 널리 활용되고 있다

Global Construction
& Digital Transformation

    4차 산업혁명을 주도하고 있는 기술 중 계속 강조하는 것 중 하나가 'BIM'이다. BIM은 시설물의 물리적·기능적 특성을 디지털로 표현한 것이다. BIM에는 설계, 시공, 물류, 운영, 유지관리, 예산, 공사기간 등 시설물에 관한 모든 정보가 포함되어 있다. 그렇기 때문에 BIM은 설계 단계만이 아니라 시공, 운영 및 유지관리, 해체에 이르는 시설물의 전체 생애주기에 걸쳐서 발주자, 설계자, 시공자, 유지관리자 등 건설사업 참여자 모두에게 디지털 정보를 제공하는 공통의 플랫폼이다.

건설산업에 가장 큰 변화를 가져올 BIM

건설산업에서 BIM은 '가상과 현실의 융합시스템(CPS: Cyber Physical System)'에 해당한다. 설계단계에서 3D로 설계자·시공자·엔지니어 등이 함께 협력하여 최적의 설계안을 도출한 뒤, 가상공간에서 사전에 먼저 시공을 해 본 다음 현실세계에서 시공하기 때문이다. 이렇게 할 경우 실제 시공 이전에 문제점을 미리 파악하여 조치를 취할 수 있고, 재작업도 크게 줄일 수 있어 생산성 향상에 큰 기여를 할 수 있다.

세계경제포럼은 4차 산업혁명의 수많은 기술 중에서 건설산업에 미치는 영향력의 크기나 가능성이 가장 높은 것을 BIM으로 평가하고 있다. 글로벌 컨설팅 기관인 롤랜드버거도 같은 결론을 내리고 있다.

롤랜드버거는 BIM 기술이야말로 낮은 생산성, 파편화된 건설산업 구조, 빈약한 협력으로 점철되어 있는 건설산업을 획기적으로 바꿀 수 있는 기술로 평가한다. BIM은 건축물이나 인프라 시설을 3D로 표현함으로써 설계자, 엔지니어, 시공자, 유지관리자와 발주자가 설계, 시공, 운영을 더 효율적으로 할 수 있게 한다. BIM은 모든 이해관계자들이 동일한 데이터베이스에 접근하여 건설사업의 디지털 기획을 하는 방법이다. 설계-시공-유지관리에 이르는 전체 생애주기에 걸쳐 정보를 공유하고 활용함으로써 디지털 관리가 가능하다. 자재, 장비 및 다양한 건설자재의 적기 조달도 가능해지고,

● 건설산업의 디지털 트렌드와 산업에 미치는 영향 전망

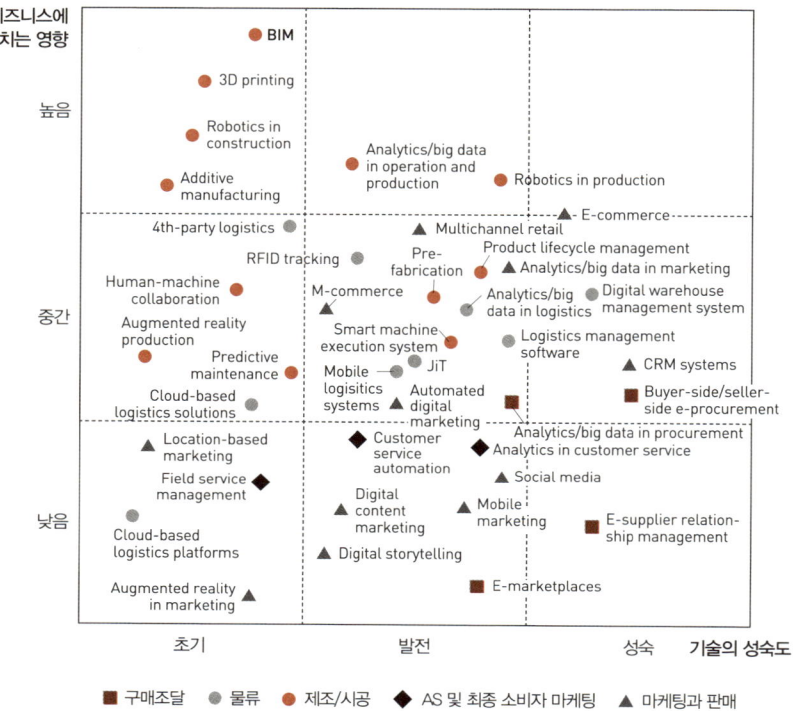

자료: Roland Berger(Sep. 2017), *Turning point for the construction industry*, p.6.

드론이나 3D 스캐닝의 도움을 받아 공정관리도 가능하다. BIM은 건설자재의 공장 제작 및 조립방식을 촉진하며, 지리정보시스템(GIS)과도 연계 가능하다. 어떤 시장조사기관에서는 BIM 시장의 규모가 소프트웨어, 컨설팅, 기타 솔루션 등을 합하여 2014년에 27억 달러였지만, 2022년 말에는 115억 달러로 성장할 것이라고

한다.[13]

 이론뿐 아니라 실제로도 BIM을 통한 생산성 향상 사례는 무수히 많다. BIM은 프로젝트 관리 부담을 최소화하고, 의사소통과 조정을 촉진하며, 문제점을 조기에 식별할 수 있고, 재작업을 줄임으로써 비용절감과 품질향상에 기여할 수 있다.[14] 독일 철도운영공사(Deutsche Bahn) 등의 BIM 활용 사례를 볼 때, 최소한 건설사업에서 10% 가량의 비용 절감은 가능하다는 것이 롤랜드버거의 평가다.[15]

BIM은 소통과 협력의 플랫폼

 건설 선진국들은 BIM의 가치를 일찍이 인식하고 2000년대 초반부터 정부조달에서 그 적용을 의무화했지만, 아직까지 활용되는 BIM은 전체 6단계 중 2단계(Level2) 수준에 그치고 있다. 독일은 아직도 1단계 수준이고, 2020년경에야 영국이 정부조달사업에 2016년부터 의무화한 2단계 수준에 도달할 것이라고 한다.[16]

 BIM이 널리 활용되고 있긴 하지만, 여전히 많은 한계를 안고 있다. 전문성 확보를 위한 직원 교육도 필요하고 IT수준도 높여야 한다. 소기업으로서는 초기 투자가 어렵다. 기술적 표준이 정립되어야 하고, 수많은 참여자들이 정보를 공유하고 협력하기 위해서는 상호운영가능성(interoperability)이 확보되어야 한다. BIM을 통해 생성되고 공유되는 정보의 소유권과 법적 책임성도 확보해야 한다.

　BIM의 활용도는 나라마다 다르고 기업마다 다르다. 기술적 문제는 곧 극복되겠지만, 기존 프로세스의 변화와 데이터 공유 및 협력의 증진은 어려운 과제다. 이처럼 많은 한계에도 불구하고 소통과 협력의 공통 플랫폼으로서 BIM이 갈수록 널리 활용될 것이라는 데에는 이견이 없다.

변화 5
건설 현장의 자동화가 급속하게 진전되고 있다

Global Construction
& Digital Transformation

    공장에서 사람이 하던 일을 기계가 대신 하는 것을 공장 자동화라고 한다. 건설 현장에서 사람이 하던 일을 기계가 대신 하는 것을 건설 현장의 자동화로 부를 수 있다. 건설 현장의 자동화는 크게 3가지 차원에서 확산되고 있다. 3D 프린팅, 건설기계 및 장비의 스마트화, 건설로봇 활용 확대가 건설현장의 자동화를 크게 진전시키고 있다.[17]

3D 프린팅

3D 프린팅은 프린터 기기를 통해서 종이에 인쇄를 하듯이 입체적인 모형을 만들어 내는 것이다. 1983년에 개발된 뒤 오랫동안 3D 프린터는 제조업, 의료산업, 의류산업 등의 영역에서 작은 모형 등을 프린팅하는 제한적인 용도로 활용되었다. 하지만 기하급수적인 기술발전에 힘입어 지금은 주택이나 교량과 같은 건설 시설물도 3D 프린터로 만들고 있다.

예를 들면, 2014년에 중국 건설업체는 콘크리트 주택을 3D 프린터로 건설했다. 2015년에 네덜란드 건설업체는 암스테르담에 있는 교량을 3D 프린터로 시공했다. 2017년에 미국 실리콘밸리에 있는 스타트업인 카자(Cazza)는 하루에 $200\,m^2$의 콘크리트를 쌓을 수 있는 3D 프린팅 크레인 미니탱크(Minitank)를 개발했다. 이를 활용하여 카자는 두바이(Dubai) 정부와 협약을 통해 2030년까지 UAE에서 계획한 건물의 25%를 3D프린팅 기술을 이용해 짓겠다고 한다.[18]

이처럼 3D 프린팅을 통한 건설이 보편화되면 수많은 건설인력을 활용한 현장시공을 대신하여 건설 시설물도 프린터 기기를 통해서 뽑아내는 시대가 올 수도 있다.

건설기계 및 장비의 스마트화

일본의 건설기계업체인 고마쓰(Komatsu)는 덤프 트럭, 불도저 등 건설기계 및 장비에 각종 정보통신기술을 결합한 지능형 건설기계 관리기술과 드론을 활용한 부지 정밀조사를 통해 사전 부지 조성(pre-foundation) 공사 업무를 자동화한 사례가 있다. 건설기계에 린(lean) 기술과 사물인터넷(IoT)을 결합하여 전체 건설기계 및 장비 운용의 자동화와 최적화 및 생애주기 전체에 걸친 관리를 시행하고 있다.

벽돌 쌓는 건설로봇

특히 반복 업무인 벽돌 쌓기나 콘크리트 타설 같은 영역에서는 로봇 활용이 두드러진다. 미국이나 호주의 벽돌쌓기 로봇 사례는 꽤 알려져 있다. 미국 뉴욕 기업이 개발한 SAM(Semi-Automated Mason)이란 이름의 로봇은 하루에 3,000장의 벽돌을 쌓을 수 있다고 한다. 이 정도면 인간보다 생산성이 500%나 높다.

호주 기업이 개발한 하드리언 X(Hadrian X)도 유명하다.[19] 이 로봇은 98피트나 되는 긴 팔을 갖고 시간당 1,000장의 3D 프린터로 만든 벽돌을 쌓을 수 있으며, 단 이틀 만에 집 한 채를 지을 수 있다고 한다. 2017년 7월에는 세계 최대 건설기계회사인 캐터필라

벽돌 쌓는 로봇으로 큰 관심을 얻었던 패스트브릭 사의 로보틱스 하드리언 X(사진: 패스트브릭 홈페이지).

(Caterpillar)가 이 회사에 투자하겠다고 발표했다. 당장은 200만 달러가량의 주식을 인수하고, 나중에 800만 달러를 추가로 투자할 계획이다. 건설현장의 단순 업무인 벽돌쌓기를 로봇이 하게 되면 건설 기능공 일자리가 크게 줄어들 것이라는 우려도 있다.

건설로봇 강국, 일본

건설산업에서 세계적인 로봇강국은 일본이다. 시미즈, 다이세이, 다케나카 등 일본 대형 건설업체들이 로봇개발과 활용에 주력하고 있는 이유는 기능인력의 급감과 고령화에 있다. 일본건설업연합회에 따르면, 일본의 건설기능인력은 2014년 343만 명에서 2025년에는 216만 명으로 약 127만 명이나 줄어들 것이라고 한다. 그 대책으로 한편에서는 34세 이하의 젊은 인력을 90만 명 확보하고, 다른 한편에서는 건설로봇 등의 도입을 통한 생산성 향상으로 35만 명의 인력 투입을 줄일 계획이다.

일본 건설업체 중 로봇을 이용한 시공에 주력하고 있는 대표적인 기업은 시미즈(清水)건설이다. 시미즈건설은 2017년 7월 BIM을 기초로 최첨단 기술을 탑재한 로봇과 사람이 합작공사를 진행하는 차세대 건설시스템인 '시미즈 스마트 사이트(Shimiz Smart Site)'를 구축했고, 요소기술 개발에 박차를 가하고 있다. 시미즈건설은 오사카에서 2018년 3월까지 실용 테스트를 완료한 뒤 실제 현장 투입을 위해 국토교통성에 심의를 요청할 계획이다.

시미즈건설이 개발한 건설로봇으로는 수평 슬라이드 크레인으로 작업반경을 자유자재로 조절할 수 있는 '엑스터(Exter)'가 있다. 용접 토치 조정이 자유로운 기둥 용접용 '로보 와이더(Robo-Weider)', 천장이나 바닥재 시공용 로봇으로 2개의 팔을 활용한 다기능 로봇 '로보 버디(Robo-Buddy)', 4종류의 수평·수직 반송 로봇인 '로보 캐리어(Robo-Carrier)'도 개발했다. 이들 로봇은 로봇 통합관리 시스템에서 제어하는데 전국 100곳의 현장에 있는 8,000대 로봇을 통합관리할 수 있다고 한다. 건설로봇들은 통합관리시스템에서 전송된 작업지시에 따라 위치를 식별하면서 현장을 탐색하고 시공대상물을 인식하면서 자율적으로 기능한다. 현장담당자는 태블릿의 단말기만 조작하면 된다. 시미즈건설은 30층(3,000㎡) 규모의 빌딩에 '시미즈 스마트 사이트'를 적용할 경우, 운반작업은 75%, 천장 및 바닥 시공은 75%, 기둥용접 작업은 70%까지 해당 공종 인력 투입을 줄일 수 있다고 한다.[20]

국제로봇협회(IFR)의 발표에 따르면, 한국의 제조업은 로봇활용도가 가장 높은 나라다. 2016년 기준 한국 제조업의 노동자 1만 명당 로봇도입 대수는 631대로 1위였다. 2위는 싱가포르(488대), 3위는 독일(309대), 4위는 일본(303대)이다. 이 같은 결과는 한국에서 2010년 이후 전기전자사업과 자동차산업 중심으로 대규모 자동화가 진행되었기 때문이다.[21] 하지만 건설산업에서는 아직 이렇다 할 건설로봇 활용 사례가 없다.

변화 6
공장 제작 및 조립방식이 확산되고 있다

Global Construction
& Digital Transformation

    대부분의 건설사업은 현장에서 시공이 이루어진다. 최근 들어서는 현장에서 시공되는 상당부분을 공장에서 생산하여 현장에 배송하고 조립하는 품목 비중이 늘고 있다. 공장 제작 및 조립방식(prefabrication)[22]은 오래전부터 필요성이 제기되어 왔지만 발주자들은 경제성을 이유로, 설계자들은 예술성을 이유로 저항이 완강했다. 하지만 글로벌 금융위기 이후로는 상황이 달라지기 시작했다. 선진국일수록 건설현장에서 일할 숙련공이 부족하고 건설인력의 고령화가 심화되었다. 임금도 지속적으로 상승했다. 이런 상황에서는 공사비도 증가하고, 공사기간도 늘어나게 된다. 한마디로 건설사업의 효율성이 떨어진다. 그런데 4차 산업혁명을 이끌고 있는 기술(사물인터넷, 스마트 공장, BIM, 3D 프린팅, 빅데이터, 디지털 플랫폼을 통한 연결 등)들이 건설사업의 설계, 엔지니어링, 시공 등과 융·복합되는 추세가 확산되었다. 이처럼 건설사업의 효율성 저하와 4차 산업혁명이 가져온 기술발전, 이 2가지 요소가 현장 시공에서 공장 제작 및 조립방식의 확산을 가져온 결정적 요인이다.[23]

공장 제작방식이 활성화되는 이유

영국 건설제조업체의 약 87%를 대변하고 있는 영국건설자재협회(CPA: Construction Products Association)는 영국 건설산업에서 공장 제작방식이 활성화되고 있는 배경으로 '인더스트리4.0', 디지털 기술 및 순환 경제 등 3가지를 설명하고 있다.[24]

첫째, 독일의 '인더스트리4.0'에서 말하는 것과 같은 스마트 공장이 건설제조에도 활용되고 있다. 가치사슬의 수직적·수평적 통합이 이루어지고 있으며, 공급사슬의 최적화도 이루어지고 있다. 서비스도 이전에는 제품을 지원하는 서비스였지만 지금은 고객을 지원하는 서비스로 바뀌었고, 사후적·반응적 서비스에서 사전적·예측적 서비스로 바뀌었다.

둘째, 사물인터넷으로 빌딩, 도로, 교량 등 기존의 인프라가 스마트화되면서 시설물의 상태 및 위치 등 실시간으로 정보 공유가 이루어진다. 이에 따라 유지관리와 자동화 및 제품개발과 서비스 추가 등이 실제 성과에 기반하여 피드백이 이루어진다.

셋째, 건설자재나 부품이 최고 가치를 유지할 수 있도록 디지털로 재사용(re-used), 재배분(re-distributed), 재제작(re-manufactured), 재활용(re-cycled)할 수 있게 공급사슬을 순환적으로 구성하는 것이 가능해졌다.

이 같은 3가지 요소들이 BIM을 통해 연결되면서 건설공사비는 30% 더 싸게, 공사기간은 40% 더 빨라질 수 있다고 한다. 또한 2014년 영국의 건설제조생산액은 50.6억 파운드인데, 공장 자동화와 공급사슬 혁신 등에 힘입어 2025년에는 82.4억 파운드로 약 63% 가량 성장할 것이라는 전망도 제시하고 있다.

공장 제작 및 조립방식에 대한 설문조사 결과

미국에서도 공장 제작 및 조립방식의 활용도가 높아지고 있다. 앞서 설명했던 대표적 건설 스타트업인 카테라 사례만 봐도 알 수 있다. 2017년 5월에는 세계적 호텔그룹인 메리어트(Mariott)도 미국에서 건설할 50개 호텔의 객실과 화장실 등 약 13%를 공장에서 제작한 자재로 시공하겠다고 발표했다. 실제로 2017년 캘리포니아에서 준공한 호텔은 공장 제작 및 조립방식의 활용으로 공사기간을 당초 계획보다 2개월 앞당겼다. 아직까지는 공장 제작 및 조립방식이 주로 집합주택을 비롯한 서민주택(affordable housing)에 활용되고 있지만 점차 호텔 등 다른 건설상품으로 확산되고 있다.

미국의 건설전문 컨설팅업체인 FMI는 2017년에 약 200개의 일반건설업체(General Contractors)와 전문건설업체(subconctractors)를 대상으로 공장 제작 및 조립방식에 대한 설문조사를 한 결과, 다음과 같은 사실을 발견했다.[25]

첫째, 과거에 비해 공장 제작 및 조립방식의 활용도가 크게 높아졌다. 2010년에는 설문응답자의 26%가 활용했는데, 2016년에는 55%의 응답자가 활용하고 있었다. 평균적인 공장 제작 및 조립방식의 활용도는 2010년에는 13%였지만, 2016년에는 35%로 약 3배가량 늘었다.

둘째, 아직 공장 제작 및 조립방식의 활용은 효과적이라고 보기 어려우며 개선이 필요하다. 응답자의 14%만 효과적이라고 대답했고, 약 90%는 여전히 개선이 필요하다고 응답했기 때문이다. 이 방식의 활용도를 높이기 위해서는 발주자를 비롯한 프로젝트 참여자들의 거부감을 극복해야 한다. 또한 프로젝트의 50% 미만에만 활용할 경우는 그 이상 활용하는 경우에 비해서 상대적으로 효과성이 낮다. 기왕에 이 방식을 활용하고자 한다면 50% 이상 활용하는 것이 바람직하다. 또한 이 방식의 적용을 검토하는 시기는 응답자의 56%가 시공 직전(preconstruction) 단계, 15%는 시공단계라고 응답했는데, 너무 늦다. 공장 제작 및 조립방식의 효율성은 적기 공급(just-in-time delivery)과 재고(inventory)에 의존하는데, 이를 감안하면 시공 이전의 기획 및 설계단계에서부터 의사결정이 이루어져야 한다.

셋째, 많은 한계에도 불구하고 시공자들은 더 많은 노동시간을 현장 시공이 아니라 공장 제작 및 조립방식에 쏟고 싶어 했다. 2010년 시공자는 노동시간의 12%만 공장 제작 및 조립방식에 투입했는데, 향후 5년 내 그 비중을 40%로 늘리겠다고 한다.

넷째, 공장 제작 및 조립방식의 혜택은 많다. 공사기간 단축, 공사비 절감, 품질 향상, 안전 제고, 현장 투입인력 축소, 재작업 감소, 설계변경 축소 등 여러 가지가 있지만, 가장 큰 혜택은 공사기간 단축이었다. 공사비 절감을 위해 공장 제작 및 조립방식을 활용하기도 하지만, 아직은 대부분 공사비 절감을 못하고 있다고 한다.

FMI는 미국에서도 공장 제작 및 조립방식의 활성화 원인이 건설사업의 비효율성과 BIM 등 디지털 기술방식의 발전에 기인하고 있다고 한다. 이 방식이 건설산업 전체를 혁신할 단계는 아직 아니지만, 건설사업의 부분적인 적용을 넘어서 전체적으로 적용이 확대되는 단계로 보고 있다. 확대 여부는 기술의 문제가 아니라 사람과 문화에 달려 있다는 것이 FMI의 결론이다.

변화 7

건설상품은 스마트 상품으로 바뀌고 있다

Global Construction
& Digital Transformation

　4차 산업혁명이 진전되면서 건설상품에도 '스마트'라는 수식어가 붙고 있다. 스마트 홈, 스마트 빌딩, 스마트 시티는 물론이고, 전통적인 인프라도 스마트 인프라로 진화하고 있다. 제조업의 4차 산업혁명 플랫폼이 스마트 공장이라면, 건설산업의 4차 산업혁명 플랫폼은 스마트 시티일 것이다.

　스마트 시티는 디지털 기술, 파괴적 혁신 및 도시환경이 만나는 교차점에 존재한다.[26] 스마트 시티는 디지털 기술을 기반으로 한 스마트 솔루션을 도시운영과 서비스의 모든 부문에 적용한 도시다.

이를 통해 도시에 있는 모든 사람들의 삶의 질을 개선하고 효율적이면서 경쟁력 있는 도시를 만들어 가는 것이다.

스마트 시티의 실체를 파악하기 위해서는 기반이 되는 디지털 기술과 사회적 혁신, 구성요소 및 이들 상호 간의 연결성(connectivity)에 대한 통합적인 이해가 필요하다. 스마트 시티는 드론, 3D 프린팅, 모바일 기기, 클라우드, 로봇, 인공지능(AI), 블록체인, 빅데이터, 사물인터넷(IoT) 같은 디지털 기술과 페이스북 같은 소셜 미디어, 디지털 플랫폼, 공유경제(shareing economy) 같은 사회적 혁신이 결합되어 만들어진다.

스마트 시티의 구성요소도 광범위하다. 물리적 하드웨어인 스마트 인프라(교통, 에너지, 물, 쓰레기, 교통)와 스마트 홈, 스마트 빌딩만이 아니라 보건, 교육, 의료, 금융, 관광 및 레저, 유통, 제조 등 모든 도시 내 서비스와 산업부문에도 스마트 기술이 접목되고, 정부의 역할과 기능도 스마트하게 바뀌어야 한다. 이들 중 건설산업이 직접 담당해야 할 영역은 스마트 홈, 스마트 빌딩 및 스마트 인프라 같은 물리적 하드웨어의 건설과 운영 및 유지관리일 것이다.

스마트 시티의 핵심 구성요소 6가지

UN 경제사회이사회는 2015~2016년에 스마트 시티를 주제로 한 논의결과를 보고서로 제시했다. 여기서는 스마트 시티의 핵심 구성요소에 있어서 건설산업이 담당해야 할 스마트 빌딩, 스마트 교통, 스마트 에너지와 스마트 그리드, 스마트 물 및 쓰레기 관리시스템에 더하여 스마트 보건 등 6가지로 요약하고 있다.[27]

스마트 빌딩 시스템으로 물 사용량의 30%, 에너지 사용량의 40%, 유지관리 비용의 10~30%를 절감할 수 있다. 스마트 교통시스템으로 교통혼잡을 줄이고, 안전이나 환경 측면은 물론 접근성과 편리성을 크게 향상시킴으로써 교통운영의 최적화를 달성할 수 있다. 스마트 에너지 시스템으로 에너지 배분과 사용의 자동화, 모니터링 및 최적화를 달성할 수 있으며, 가장 핵심적인 인프라는 전력생산 현장에서 소비자에게 정보통신기술과 통합된 망(Grid) 운영을 통해 정보와 전력을 전달하는 스마트 그리드(Smart Grid)이다. 스마트 물 및 쓰레기 관리시스템으로 물 절약과 비용 절감 및 수자원 배분의 신뢰성을 높이고, 도시에서 발생하는 쓰레기를 줄이면서 적절하게 처리할 수 있다.

모든 스마트 인프라는 다양한 디지털 기술에 기반하고 있다. 중요한 것은 사물인터넷을 통해 하나하나의 인프라를 연결하고(connect), 생성되는 데이터(data)를 실시간(real-time)으로 전달(transmit)하고 공유(share)하면서 분석(analyse)해야 한다. 이렇게 되면 도시의 운영과 서비스도 사고가 발생하기 전에, 혹은 문제가 더 심각해지기 전에 통합적이고 사전적인 대응이 가능해진다.

세계는 지금 스마트 시티로 변모 중

전 세계적으로 스마트 시티 건설을 위한 노력이 급속하게 확산되고 있다. 유럽연합은 2011년 '스마트 시티 건설을 위한 파트너십(EIP-SCC: European Innovation Partnership on Smart Cities & Communities)'을 결성하면서 정책, 에너지 및 교통 등 다양한 영역에서 스마트 프로젝트를 진행해 왔다. 영국 런던과 글래스고, 프랑스 니스, 스페인 바르셀로나와 산탄데르, 네덜란드 암스테르담, 스웨덴 스톡홀름 등은 스마트 시티로 변모하기 위한 프로젝트가 한창 진행중이다.

미국은 2015년에 교통혼잡 해소, 범죄예방, 경제성장 촉진, 기후변화 대응, 공공서비스 등 당면한 지역문제 해결을 돕기 위해 '스마트 시티 이니셔티브'를 발표했다.

일본은 2011년 동일본 대지진 이후 에너지 전략의 근본적 변화, 재해지역 복구, 고령화 문제해결, 해외시장 개척 등을 목적으로 스마트시티 정책을 추진하고 있다. 일본은 2012년 총무성이 발표한 'ICT 스마트 타운' 정책에 따라 2013년 6월에는 75개 후보 지역 중 21개 지역을 '스마트 타운' 실증 지역으로 선정했다.

중국·인도와 같은 신흥국의 스마트 시티 건설계획은 더 거대하고 야심차다.

2013년 1월 중국 국무원(國務院) 산하 주택도시농촌건설부는 2015년까지 320개 '스마트 시티(國家知慧城市)' 조성 계획을 발표했다. 이에 따라 2013년 1월과 8월에는 각각 90곳, 103곳이 스마트 시티 시범구역으로, 베이징·텐진·상하이 등은 시범도시로 선정했다. 인도는 2022년까지 인도 전역에 걸쳐 100개의 스마트 시티를 조성하겠다고 한다. 중동, 중남미, 아프리카에서도 스마트 시티 계획을 발표한 나라들이 많다.

4차 산업혁명과 더불어 스마트 시티에 대한 관심과 열기는 갈수록 높아지고 있다. 2018년 1월 미국 라스베이거스에서 열린 지상 최대의 가전제품 박람회 (CES: Consumer Electronics Show) 주제도 '스마트 시티의 미래'였다. 이 전시회에는 전 세계 150여 개국에서 3,900여 개 기업과 17만 명의 관람객이 참여하여 4차 산업혁명의 핵심 기술을 실제로 구현한 제품들을 전시했다.[28] 이 박람회를 주관한 미국소비자기술협회(CTA)에 따르면, 2025년까지 88개의 스마트 시티가 탄생하고, 2050년에는 전 세계 인구의 약 70%가 스마트 시티에 거주할 것이며, 스마트 시티 프로젝트에는 2020년까지 약 354억 달러가 투자될 것이라고 한다.

스마트 시티 시장을 이끄는 기술기업들

건설산업의 4차 산업혁명 플랫폼이 스마트 시티라고 하지만, 누가 이 시장을 주도하고 있는가? 디벨로퍼 또는 건설업체인가, 아니면 정보통신기술 업체인가? 일본의 미쓰이 같은 부동산 디벨로퍼도 스마트 시티 사업을 추진하고 있긴 하다. 하지만 그보다는 지멘스, 시스코, 구글과 같은 정보통신기술 기반의 기술기업들이 스마트 시티와 관련된 논의를 주도할 뿐만 아니라 시범적인 스마트 홈, 스마트 빌딩, 스마트 인프라 건설도 직접 수행하고 있다. 스마트 시티 시장에서도 산업 간의 경계가 허물어지고, 기술과 산업의 융·복합이 활발하게 이루어지고 있는 것이다.

변화 8
계약제도 혁신으로 협력 문화가 확산되고 있다

전통적으로 건설사업은 '기획 → 설계 → 시공 → 운영 및 유지관리' 순으로 단계별 프로세스가 진행되어 왔다. 시공의 경우 '발주자 → 원도급자 → 하도급자 → 2차 하도급자'와 같은 수직적인 생산체계가 일반적이었다. 이 같은 건설프로세스와 생산방식은 이미 크게 달라졌다. 기획과 설계 단계에 시공자와 운영자가 참여하는가 하면, 시공도 참여자 모두가 하나의 팀을 이루어 시공 초기단계부터 함께 진행한다. 제조업에서 말하는 수직적·수평적 통합이 이루어지고 있는 셈이다. 이렇게 바뀐 데에는 BIM과 같은 공통의 플랫폼 구축이나 혁신적인 계약방식의 채택이 큰 영향을 미쳤다. 그 내용을 건설프로세스별로 좀 더 자세하게 살펴보자.

총생애주기비용(whole life cycle costs) 관점에서 볼 때, 시공비가 10~50%라면 유지관리비는 40~80%에 달한다. 이 두 부문의 비용규모가 제일 크지만, 이들 비용은 사실상 초기 단계인 기획과 설계·엔지니어링 단계에서 대부분 결정된다. 그렇기 때문에 선진국의 발주자나 건설업체들은 초기 단계에 많은 노력을 투입하고 있다. 기획, 설계·엔지니어링 단계에서부터 발주자와 원도급자, 하도급자, 자재 및 장비공급업자, 유지관리업자와 건설사업관리자(PM) 등 사업참여자들이 모두 참여하도록 협력을 유도하고 있다. 그 과정에서 대안적인 설계, 재료 및 장비, 시공법을 제안하여 효율적인 설계와 엔지니어링이 가능하도록 하고, 시공 및 유지관리 비용을 줄일 수 있는 방안을 강구한다.

통합프로젝트발주방식(IPD) 확산

계약제도는 전통적인 설계/시공 분리계약보다도 설계·시공 일괄계약(DB: Design-Build), 민관 합동사업(PPP: Public Private Partnership)[29], 시공자가 시공 이전의 초기 기획 및 설계단계에 참여하는 시공자 조기 참여방식(ECI: Early Contractor Involvement) 등이 널리 활용되고 있다. 여기서 한걸음 더 나아가 최근에는 발주자를 포함한 모든 사업참여자들이 하나의 통합된 팀으로서 초기단계부터 참여하여 건설프로젝트를 이끌어가는 '통합 프로젝트 발주방식(IPD: Integrated Project Delivery)'도 많이 활용되고 있다. 이 방식은 목표 사업비 설정, 위험과 보상의 분담, BIM과 같은 공통된 협력 플랫폼 활용, 다양한 기능집단의 참여 등을 핵심 요소로 한다.

호주 재무부는 이 방식이 사업 참여자들 간의 분쟁을 줄이고, 전통적인 방식보다 더 빨리 사업을 추진할 수 있다고 연구결과를 발표하기도 했다. 미국의 캘리포니아 태평양 의료센터 건설사업도 이 방식으로 추진해서 큰 성과를 거두었다. 그 원인은 목표 사업비 한도 내에서 최대한의 가치를 창출할 수 있는 설계를 했고, 모든 사업참여자들에게 BIM 사용을 의무화했기 때문이라고 한다.

하도급 및 자재·장비 관리는 통합하여 '민첩한(agile)' 공급사슬을 구축하는 추세다. 구매조달이나 품질, 물류 담당조직을 하나의 통합조직으로 만들고, 하도급이나 자재장비 계약건수는 줄이면서 전략적이고 장기적인 협력관계를 구축하게 되자 행정부담과 비용도 줄고, 하도급자나 자재·장비업자들도 장기계획과 혁신을 도모하게 되었다. BIM은 이 같은 공급사슬의 통합에도 큰 역할을 담당한 플랫폼이다.

계약제도 혁신으로 협력하는 문화 조성

건설공사 발주 및 계약제도의 혁신은 오랫동안 파편화되고 적대적이었던 건설문화를 협력하는 문화로 바꾸고 있다. 특히 영국의 건설산업 혁신과정에서는 이미 20여 년 전부터 이 같은 변화가 추진되었다.[30] 1994년 발간되어 영국 건설산업 혁신의 시발점이 되었던 레이섬 보고서(Latham Report)만 해도 제목이 '팀 건설하기(Constructing the Team)'였다. 영국에서는 건설업체가 시공 이전에 설계 등 건설사업의 초기단계부터 참여하는 발주제도(ECI)가 활용되었고, 건설사업 참여자 간에 적대적 관계를 조장하던 최저가 낙찰제 대신 최고 가치(best value) 낙찰방식이 정착되었다. 2000년대 들어와서는 BIM이 널리 활용되면서 건설사업 참여자 간의 소통과 협력문화는 더 확산되고 있다.

미국 건설산업에서도 설계·시공 일괄(Design Build)이나 통합프로젝트발주방식(IPD) 활용이 확대되었다. 또한 우리나라에서 흔히 프리콘(pre-con)이라고 부르는 CM/GC방식[31]이 활성화되면서 건설사업 참여자 간의 협력이 확산되고 있다. 미국의 대표적 혁신 건설업체인 DPR의 프리콘 방식은 건설사업 참여자들이 공통의 프로젝트 목표를 설정하고, 발주자에 대해서는 투명하게 원가를 공개하며, 설계사와 시공사 등 건설사업 참여자들이 동일 장소에서 팀을 이루어 작업하는 빅 룸(Big Room)을 만들어 소통과 협력을 증진하고 있다. 그 과정에서도 BIM 같은 공통의 플랫폼을 활용하고 있다.

건설공사 발주제도나 계약제도의 변화는 계약문화와 관행도 바꾸고 있다. 다수가 모여서 소통과 협력하는 과정에서 참여자 간의 법적 책임이 명확해지고, 리스크는 신중하게 관리하며 적절하게 배분된다. 목표 사업비와 같은 대안적인 비용 모델을 활용하여 비용 절감 시에는 적절한 인센티브가 제공되고 있다. 분쟁이나 갈등의 해결방법도 달라졌다. 협력적 의사결정, 협상, 소송이 아니라 중재와 화해 등을 통한 해결사례가 많아졌다.

변화 9
새로운 사업과 비즈니스 모델이 확산되고 있다

Global Construction
& Digital Transformation

    건설산업에서도 새로운 사업과 비즈니스모델이 속출하고 있다. 1,000개가 넘는 건설기술 기반 스타트업이 제공한 도구나 솔루션이 그 증거다. 설계·엔지니어링, 현장 시공, 운영 및 유지관리, 본사 지원조직 관리를 지원하는 디지털 기반의 솔루션은 건설산업에서도 넘쳐날 정도로 많다. 건설기계나 장비의 공유 서비스를 제공하는 스타트업도 꽤 있다.

    미국의 건설 스타트업인 카테라가 보여준 건설생산 과정의 수직적 통합도 새로운 비즈니스모델이다. 앞에서 설명했듯이, 카테라가 공장 제작 및 조립방식을 현장 시공에 접목하기 위해 공급사슬을 설계에서 시공에 이르기까지 수직적인 가치사슬 및 전사 자원관리 시스템에 통합했다는 점도 혁신적이다.

사물인터넷을 통한 비즈니스모델 혁신

건설상품의 스마트화가 진전되고, 디지털 기술이나 사물인터넷이 시설물의 운영이나 유지관리에 활용되면서 새로운 사업기회나 새로운 비즈니스모델이 늘어나고 있다. 기본적으로 스마트 인프라는 생애주기비용 전체에 걸쳐 비용 절감이 가능하다. 교통시설이나 에너지시설의 설계와 시공 초기단계에서 획득한 데이터를 활용하여 운영 및 유지관리 비용을 줄일 수 있다. BIM말고도 에너지와 전등의 자동화, 교량과 도로의 예측 관리, 스마트 미터기를 활용한 물과 전기 절약 등을 통해 비용 절감이 이루어진다.

스마트 디지털 기술을 통해 새로운 매출을 창출할 수도 있다. 스페인 바르셀로나에서는 센서 시스템을 활용하여 운전자에게 주차정보를 제공했다. 그 결과 교통정체와 탄소배출을 줄여 연간 주차장 매출을 5,000만 달러나 증대시킨 사례가 있다.

사물인터넷을 통한 빌딩이나 인프라의 운영 및 유지관리는 사전적·예방적 비즈니스모델의 도입과 확산을 촉진하고 있다. 빌딩이나 공장 등에 센서 시스템을 활용하여 실시간으로 시설물의 상태를 파악하여 문제가 발생하기 전에 조치를 취하도록 하는 것이다. 미국에서는 노후 교량붕괴 사건 이후 교량에 300개 이상의 센서를 부착하여 실시간으로 날씨, 기온, 부식 및 교통상황 등을 측정하여 조기 경보를 보내도록 함으로써 사고를 미연에 방지할 수 있게 했다.

사물인터넷을 통한 사전적·예방적(prescriptive) 비즈니스모델의 성공적인 운영사례는 건설기계 제조산업에서도 볼 수 있다. 미국 캐터필라 다음으로 세계 2위의 건설기계 제조업체인 일본의 고마쯔는 4차 산업혁명 기술을 활용한 비즈니스모델 혁신으로 단기간에 획기적으로 성장세를 회복했고, 전 세계적인 벤치마킹 대상이 되고 있다.[32] 고마쯔는 2000년대 초반에 콤트랙스(KOMTRAX: 기계자동관리시스템)라는 차량관리시스템을 개발했다. 도난당한 건설기계가 현금자동지급기, 패밀리레스토랑, 수퍼마켓 절도에 악용되는 사례를 막고자 건설기계에 위성항법장치(GPS) 안테나와 통신시스템을 부착해서 위치정보 등을 원격 송수신할 수 있는 시스템으로 개발한 것이다. 여기에 더하여 각종 센서와 컨트롤러가 생성하는 정보를 인터넷으로 받을 수 있다. 콤트랙스는 2001년부터 표준장비화되었고, 2011년에는 21만 대의 건설기계에 적용되었다. 건설기계를 도난당했어도 위치추적이 가능하고, 원격조정으로 작동을 중단시킬 수 있고, 건설기계의 가동률을 높일 수 있을 뿐만 아니라 보수시기도 예측할 수 있다. 콤트랙스 도입의 효과는 컸다. 40%에 불과했던 건설기계 가동률이 80%로 2배나 늘었다. 수익성 측면에서는 2012년부터 2015년까지 4년간의 영업이익률이 약 12%를 기록할 정도였다.

기업 인수합병을 통한 새로운 전략 모색

새로운 사업에 진출하거나, 새로운 비즈니스모델을 실행하고자 할 때 부족한 경쟁력을 보완하는 방법으로 가장 널리 활용되어 온 것이 기업 인수합병(M&A)이다. 그런데 미국이건 유럽이건 최근 들어서 M&A 활동은 그다지 활발하지 않고 안정적인 수준이다. 글로벌 컨설팅업체들의 보고서를 토대로 최근의 M&A 동향을 정리하면 다음과 같다.

첫째, 미국 건설업체들의 M&A동기는 새로운 시장진출 다음으로 기술획득이 중요해졌다.[33] 새로운 사업과 수직적 통합을 위한 M&A 동기도 중요하며, 대규모보다는 소규모의 전략적 M&A에 집중하고 있다.[34]

둘째, 건설산업에서 최근 들어 가장 M&A 활동이 활발한 영역은 '건설 자재 제조부문(Construction Materials Manufacturing)'이었다.[35] 2017년 3분기 M&A 금액의 39%를 차지했을 정도다.

셋째, 유럽 건설업체들은 공급사슬의 통합을 위한 M&A 활동이 많았다.[36] 하도급업체나 지역 내 핵심 사업의 지원을 위한 중소규모 자재·장비 공급업체들이 주된 대상이었다.

변화 10
건설투자와 건설일자리가 늘어나고 있다

**Global Construction
& Digital Transformation**

소득수준이 늘면 건설투자가 줄어든다는 '역 U자(=∩) 가설'이 있다. 이 가설은 1인당 소득이 일정수준 이상일 때 소득의 증가수준보다 건설투자의 증가속도가 느려서 소득에서 차지하는 건설투자 비중이 줄어든다는 것이다. 이 가설을 뒷받침하는 증거로 흔히 OECD국가의 평균적인 소득수준과 건설투자 비중의 추이를 인용한다. 실제로 OECD국가의 평균적인 추이를 보면, 1인당 소득이 1만 5,000달러 수준에 이를 때까지는 건설투자 비중이 증가하다가 그 이후부터는 감소했다. 그렇다면 OECD국가의 건설투자 비중은

1인당 국민소득이 3만 달러를 넘었을 때도 줄었을까? 그 반대로 더 늘었다.

소득이 높아질수록 더 좋은 인프라 요구

소득수준이 늘면서 건설투자 비중이 늘었다는 것은 건설투자액이 더 크게 늘었다는 것을 의미한다. 그 원인 중 하나가 유지관리비의 급증이다. 일정소득 수준에 도달할 때까지 경제성장 과정에서 건설했던 시설물이 노후화되면서 유지관리비가 신규 투자비용보다 더 늘었기 때문이다. 유로컨스트럭트(Euroconstruct)에 가입한 유럽 19개국의 건설시장에서 유지관리시장의 비중은 51.5%(2016년 기준)로 신규시장보다 더 컸다.[37]

또 하나의 원인은 소득효과로 볼 수 있다. 소득수준이 높아질수록 사람들은 더 좋은 인프라, 더 좋은 집, 더 좋은 빌딩을 요구하기 때문이다. 소득수준이 높을수록 건설투자 비중이 줄어든다는 '역 U자 가설'은 틀렸다.

4차 산업혁명이 진전되면 건설투자가 줄고, 건설 일자리도 줄어드는 것은 아닐까? 이 질문에 동의할 사람도 꽤 있을 것 같다. 도시화와 산업화가 급속하게 이루어지고 있는 신흥국에서는 건설투자가 늘어나겠지만, 국민소득 3만 달러 이상의 선진국은 인프라 투자가 성숙단계에 접어든 데다가 4차 산업혁명으로 첨단산업의 육성이 중요해지기 때문에 건설투자를 줄일 수밖에 없을 것이라는 생각이다. 또한 건설산업은 디지털화가 뒤처진 산업이고, 생산성도 낮으며, 고령화 인력들이 많다 보니 로봇 등으로 건설 일자리를 대체할 가능성이 높다는 등 나름대로 그럴 듯한 근거를 들이댈 수 있다. 하지만 글로벌 컨설팅 기업들은 4차 산업혁명의 진전에도 건설투자는 늘어날 것이고, 건설 일자리도 늘어날 것이라고 한다.

건설투자는 지속적으로 늘어난다

딜로이트는 아직도 낮은 개발수준과 인구증가, 노후 인프라 증대, 글로벌 에너지 수요 증대, 새로운 인프라 기술의 발전, BRICs를 비롯한 신흥국 수요 지속과 같은 요인이 상존하고 있는데다가, 선진국에서는 오랫동안 인프라에 제대로 투자를 못했기 때문에 앞으로 계속 인프라 투자가 늘 수밖에 없다고 한다.[38]

맥킨지글로벌연구소도 인프라와 주택부문은 오랫동안 제대로 투자가 이루어지지 않은 영역으로 평가하고 있다. 신흥국은 도시화와 산업화를 위한 인프라 투자가 늘게 되고, 선진국은 유지관리 투자가 늘어난다. 경제성장의 결과로 소득이 늘어날수록 좋은 집과 건물에 대한 수요도 더 커진다.[39] 또한 경제성장에 필요한 인프라 투자와 실제 투자와의 차이를 의미하는 '인프라 갭(Infrastructure Gap)'을 메워야 하고, 더 많은 주택을 공급해야 하기 때문에 건설투자는 지속적으로 늘어난다. 맥킨지글로벌연구소는 연간 글로벌 GDP의 3.8%(약 3.3조 달러) 규모의 인프라 투자가 필요한데 실제 투자는 연간 2.5조 달러에 불과하고, 따라서 해마다 약 0.8조 달러 규모의 추가적인 인프라 투자가 필요하다는 조사결과를 제시했다.[40] 그런데 이 같은 조사결과를 발표한 지 1년이 지난 뒤, 맥킨지글로벌연구소는 다시 2017~2035년까지 해마다 필요한 인프라 투자규모를 3.7조 달러로 상향조정한 수정 전망치를 발표했다.[41] 이렇게 수정 전망을 발표한 이유는 당초 예상했던 것보다 세계경제 성장전망률이 높고 물류와 가치사슬의 디지털화, 자율주행차 등 인프라 관련 기술발전이 급속하게 이루어지면서 더 많은 인프라 투자가 이루어질 것이라는 데 있다.

기대되는 일자리 증가

건설산업은 인공지능, 건설로봇 등을 통한 100% 자동화가 불가능하다는 점을 인식할 필요가 있다. 맥킨지글로벌연구소는 건설산업의 잠재적인 자동화 비중을 절반도 안 되는 47%로 평가하고 있다.[42] 건설일자리는 건축설계자, 엔지니어와 같은 고급 기술자만이 아니라 목수, 기능공, 건설기계 운전사 등과 같은 중간 이하 기술 및 기능인력도 모두 필요하다. 맥킨지글로벌연구소는 2030년까지 8,000만~2억 명의 건설 일자리가 더 늘어날 것이라고 한다.[43]

기후변화에 대응하고 에너지 효율을 높이기 위한 시설투자나 재생에너지(renewable energy) 투자도 전 세계적으로 늘어날 전망이다. 이 같은 에너지시설의 시공이나 설치도 건설업체가 담당하는 경우가 많기 때문에 이와 관련된 건설 일자리의 증가도 기대할 수 있다.

너무 낙관적일까? 그렇지 않다. 경제성장은 분명히 건설산업과 같은 서비스산업의 일자리를 늘리게 될 것이다. 더구나 인프라와 주택은 선진국에서 오랫동안 제대로 투자가 이루어지지 않았고, 4차 산업혁명의 진전에 따라 스마트 인프라와 스마트 홈, 빌딩, 도시를 건설하기 위한 투자를 늘려야 한다.

중요한 것은 건설일자리 수가 아니라 인력 수급상의 불균형을 어떻게 메꿀 것인가에 있다. 건설산업의 디지털화에 따라 필요한 정보통신기술 인력을 교육훈련을 통해 대거 양성하고, 이들의 전직이 쉽게 이루어질 수 있도록 노동시장의 유연성을 도모하는 일이 필요하다. 그 과정에서 필요한 소득 및 직업 이전을 위한 지원은 정부도 관심을 기울여야 한다.

4차 산업혁명, 신 건설산업정책이 필요하다

어떤 나라를
벤치마킹할 것인가?

Global Construction
& Digital Transformation

앞서 4차 산업혁명의 본질은 생산성 혁명이라고 했다. 또한 4차 산업혁명은 제조업이나 건설산업 같은 전통산업을 스마트 디지털 기술과의 융합을 통해 새롭고 경쟁력 있는 산업으로 탈바꿈시키고 있다. 그 과정에서 각국 정부의 산업정책(Industrial Policy)이 중요한 역할을 수행하고 있다. 각국 정부의 산업정책은 4차 산업혁명을 수용하고 선도할 수 있어야 한다. 그렇다면 우리보다 앞선 건설 선진국 중 어떤 나라를 벤치마킹할 것인가? 건설생산성이 높은 나라를 눈여겨볼 필요가 있다.

● **국가별 건설 노동생산성 비교**

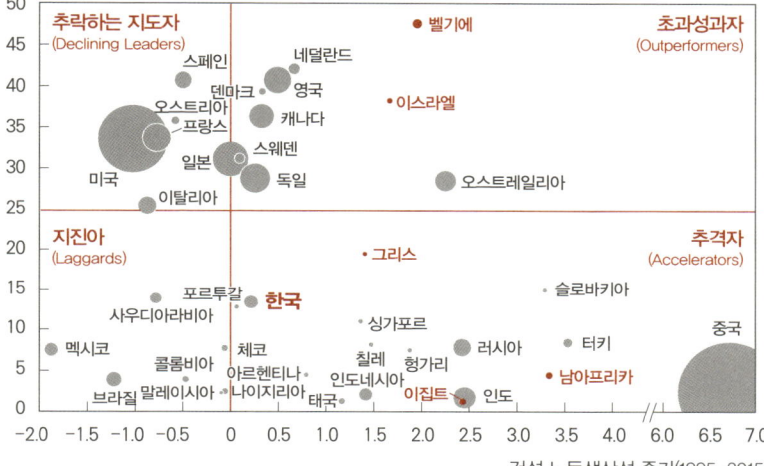

자료: MGI(Feb.2017), *Reinventing Construction: A Route to Higher Productivity*, p.26.

　맥킨지글로벌연구소는 건설산업의 노동생산성과 노동생산성의 성장률을 기준으로 41개국을 4가지 유형으로 분류했다.[1]

　첫째는 지진아(Laggards) 그룹이다. 생산성이 낮을 뿐만 아니라 생산성의 증가율도 마이너스인 나라들이다. 브라질, 사우디아라비아, 멕시코가 여기에 속한다.

　둘째는 추격자(Accelerators) 그룹이다. 중국, 인도, 터키와 같은 신흥국은 급속한 경제성장과 글로벌화에 힘입어 건축물, 인프라, 중공업 시설물 등을 대량으로 건설하고 있다. 이런 나라들은 생산성 자체는 낮아도 경제성장과 시장의 크기에 힘입어 생산성 증가가 지속적으로 이루어지고 있다. 한국도 이 그룹으로 분류하고 있긴 하지만, 지난 20년간 생산성의 증가세가 미약한 탓에 지진아 그룹에 가깝게 붙어 있다는 사실을 인정할 수밖에 없다.

셋째는 추락하는 지도자(Declining Leaders) 그룹이다. 미국, 일본, 스페인, 프랑스와 같이 생산성 자체는 높아도 증가율이 마이너스인 나라들이다. 우리가 오랫동안 벤치마킹 대상으로 삼아왔던 미국과 일본이 여기에 속한다는 사실을 인식할 필요가 있다.

넷째는 초과성과를 거둔(Outperformers) 그룹이다. 벨기에, 네덜란드, 영국, 캐나다, 호주 등은 높은 생산성은 물론 생산성의 증가세도 지속된 나라들이다. 이런 나라들이 어떻게 초과성과를 거두었는지 벤치마킹할 필요가 있다.

글로벌 건설산업의 생산성은 평균적으로 세계경제나 제조업보다 낮지만, 개별 국가 차원에서는 평균보다 훨씬 높은 생산성을 기록한 나라도 많다. 맥킨지글로벌연구소에서 이런 보고서를 발간한 취지는 미국의 건설산업 생산성이 형편없는 수준임을 지적하고, 세계 최고 수준을 벤치마킹하고자 하는 데 있다고 본다.

건설산업정책으로
생산성을 높인 나라가 있다

    건설생산성 향상을 거둔 나라들이라고 해도 사정은 제각각 다르다.[2] 벨기에는 2010~2014년 해양플랜트 붐이 불었을 때 혁신적인 공장 제작 및 조립방식 등을 통해 생산성을 높였다. 품질과 지속가능성을 강조하는 유럽연합 공통의 설계기준을 채용했고, 민간부문의 R&D투자와 혁신을 장려했다. 벨기에는 건축용 콘크리트(architectural concrete) 분야의 글로벌 리더이고, 벨기에 건설산업의 90%를 차지하는 것이 콘크리트 부문이기 때문에 건설산업정책의 일반적인 벤치마킹 사례로 삼기에는 무리가 있어 보인다.

벤치마킹할 만한 나라들

영국, 호주, 싱가포르 등은 건설산업정책 측면에서 큰 성과를 거둔 나라로 생각된다. 영국은 1989년부터 민관 합동사업 활성화를 추진하면서 생산성 향상이 이루어지기 시작했다. 또한 1994년 이래 20년이 넘는 오랜 세월 동안 건설생산성 향상에 정부가 적극 개입했다. 호주는 2003~2012년 광산업과 액화천연가스 붐이 불었고, 1990년대 새로운 민관 합동사업(New PPP) 모델을 도입하여 생산성 향상을 이루었다. 벨기에나 호주는 모두 건설근로자의 임금이 높고 노조도 강하다 보니 건설인력의 투입을 줄이는 방향으로 혁신 활동이 이루어졌다는 공통점도 있다.

싱가포르는 2000년대 중반부터 정부가 건설생산성 향상을 주도했다. 싱가포르 정부는 외국인 노동자의 수급 조절, BIM과 같은 기술 사용 및 R&D투자 장려, 인적 자원의 역량 제고, 공장 제작 및 조립방식의 활성화와 자동화 등을 통해 생산성을 향상할 경우 경제적 인센티브 제공 등의 역할을 수행했다. 정부 규제는 과정이 아니라 결과 중심(outcome based)으로 운용했다. 이 같은 정부 정책에 힘입어 싱가포르의 건설생산성은 과거 3년 동안 2%나 성장했으며(2016년 10월 기준), 특히 정부조달사업의 경우는 2010년 대비 모든 신규 프로젝트에서 사전 기획(up-front planning) 강화와 공장 제작 및 조립방식 도입으로 25~30%에 달하는 생산성 향상이 있었다고 한다. 나아가 싱가포르 정부는 2020년까지 건설생산성을 매년 2~3%씩 향상시키겠다는 목표를 설정했다.

20년간 생산성 향상을 이끌어 온 영국

영국과 호주 및 싱가포르의 건설산업정책은 유사성이 굉장히 높다. 역사적·정치적으로 긴밀한 국가이기도 하다. 이들 국가 중 지난 20년간 체계적·지속적인 건설산업정책으로 건설산업의 생산성 향상을 이끌어 온 대표적인 나라는 영국이다. 맥킨지글로벌연구소도 미국의 건설생산성을 영국, 독일과 비교하면서 영국을 벤치마킹 대상으로 삼고 있다. 2000년대 들어서 공식적으로 발표된 영국의 국가건설산업정책은 4차 산업혁명과 직결된 내용들이 핵심이다.

2013년에 발표된 영국 정부의 〈건설 2025(Construction 2025)〉를 보자.[3] 여기서는 2025년까지 건설비용 35% 절감, 공기 50% 단축, CO_2배출 50% 절감 등을 목표로 설정했다. 이런 목표를 달성하기 위해 사람(people), 스마트(smart), 지속가능성(sustainable), 성장(growth), 리더십(leadership) 등 5가지 과제를 제시했다. 이 중 스마트와 관련해서는 스마트 건설과 디지털 설계, R&D 혁신 및 2016년까지 중앙정부 조달사업에서 BIM 활용 의무화 등을 특히 강조했다.

영국의 건설인프라를 총괄하는 기구인 인프라청(IPA: Infrastructure and Project Authority)에서는 2016년에 두 번째 〈정부 건설 전략(Government Construction Strategy 2016-20)〉을 발표했다.[4] 이

전략의 기본 목표는 4가지다. 건설 고객으로서 중앙정부의 역량 제고, 2단계 BIM을 포함한 디지털 기술의 체화 및 증대, 협력적 구매조달 기법 전파, 시공만이 아니라 운영 및 유지관리까지 포함한 전체 생애주기 접근법의 적용 등이다. 이 전략은 그 이전에 만들어졌던 첫 번째 전략(Government Construction Strategy 2011-15)의 성공을 기반으로 했다. 첫 번째 전략의 성공으로 30억 파운드나 절감했다는 평가를 하고 있는데, 성공의 원인으로 발주자 정보의 개선, 설계와 시공과정에서 디지털 역량 개발, 구매조달과정의 투명성 제고, 협력에 초점을 둔 새로운 계약방식의 활성화 등을 꼽았다.

　이러한 영국의 건설산업정책도 핵심은 4차 산업혁명 기술을 건설산업에 수용하여 비용을 절감하고 생산성을 향상하는 데 있다. 레이섬 보고서(1994) 이후 20년 넘게 민관 합동기구(Governance)를 구성하여 지속적으로 건설산업의 생산성 향상을 추진해 온 결과는 성공적인 것으로 평가받고 있다.

국가 차원에서 적극 대응하는 일본

　'잃어버린 20년'으로 불리는 오랜 침체기를 겪은 일본도 '아베노믹스' 이후 최근에는 건설을 비롯한 모든 경제부문의 회복세가 가시화되고 있다. 일본은 4차 산업혁명에 대해서도 국가차원에서 적극 대응하고 있고, 건설산업에서도 마찬가지다. 일본 국토교통성은

2016년 '생산성 혁명 프로젝트 20개'를 제시했다. 이 중 건설현장의 생산성 향상을 위한 혁신적인 정책방향이 'i-Construction'이다.[5] 이미 4~5년 전부터 3차원 데이터를 활용한 정보화 시공 및 CIM(건설·정보 모델링) 활용을 추진해 온 일본의 국토교통성은 2016년부터 이를 통합하여 'i-Construction'이라 부르고, 4차 산업혁명의 혁신적인 기술을 현장에 도입하여 건설기능 노동자의 1인당 생산성을 50% 향상시키겠다는 목표를 제시했다.

'i-Construction'에서는 정보통신기술의 전면적인 활용, 전체 프로세스의 최적화, 공사발주 시기의 평준화를 중점 정책으로 정했다. 또한 2020년까지 연간 2조 5,000억 엔에 달하는 국토교통성 발주 공사에서 100% 드론 사용 의무화를 검토하고 있다.

새로운 패러다임이 필요한 때

독일은 제조업에서, 영국과 싱가포르는 건설산업에서 적절한 산업정책을 통해 생산성 향상을 이루었다. 2000년대의 성공적인 산업정책은 산업분야와 나라를 막론하고 4차 산업혁명을 얼마나, 어떻게 잘 수용하느냐가 관건이다. 4차 산업혁명을 수용하기 위해서는 과거의 낡은 패러다임과 결별하고, 새로운 패러다임에 기반한 신 건설산업정책이 필요하다.

4차 산업혁명에 걸맞게 정부 역할을 혁신하라

보스턴컨설팅그룹이 권고하는 정부 역할

건설산업정책을 수행하는 정부는 규제자, 지원자, 발주자로서의 역할을 모두 수행하고 있는데, 보스턴컨설팅그룹은 다음과 같이 권고했다.[6]

첫째, 스마트한 규제자가 되라. 정부는 규제가 장애가 되지 않도록 주기적으로 건설법규를 개정하고, 성과기준을 개발하며 기술진보를 수용할 수 있는 유연한 규제를 해야 한다. 데이터와 기술기준의 상호활용성을 확보하기 위해 기술공급자와도 함께 일해야 한다. 규제 개정을 위해서는 민간 자격인증기관과도 협력하라. 혁신을 위해 신속하고 예측가능한 인허가 제도를 갖추라.

둘째, 장기 전략기획자와 인큐베이터가 되라. 정부는 장기 기획자의 관점을 가져야 하고 전략적 혁신과제를 설정해야 한다. 혁신을 주도하고 공급사슬에 자극을 주기 위한 시범사업도 필요하다. 파괴적인 혁신자와 중소기업에게는 금융지원도 하라. 민간과 정부의 R&D 활동을 증진하고 필요한 자금도 제공하라. 맞춤형 훈련프로그램으로 혁신적인 시공과 디지털 기술의 개발을 육성하라.

셋째, 미래지향적 발주자가 되라. 지식격차를 없애고 혁신친화적 문화를 창출할 수 있는 역량을 개발하라. 우선순위를 설정하고 민간부문의 투자를 육성하라. 유연한 구매조달과 인센티브 제공 및 리스크 분담을 결합한 계약모델을 만들어라. 발주자의 최고 가치를 획득할 수 있는 생애주기 시각을 가져야 한다. 자산을 좀 더 잘 알 수 있도록 빅데이터 분석과 디지털 기술을 활용하라.

맥킨지가 권고하는 규제개혁 방향

맥킨지글로벌연구소는 규제개혁에 초점을 두고 '규제의 재창조와 투명성 제고'가 필요하다고 역설한다.[7] 구체적으로 규제개혁 방향은 다음과 같다.

첫째, 결과(outcome)와 위험(risk) 기반으로 기존 규제를 전환하라. 특히 건축법규와 환경규제, 지역업체 우대, 보건·환경 규제는 달성해야 할 결과를 기반으로 설정해야 한다. 어떻게 그 결과를 달성할 것인지는 기업의 선택에 맡기는 것이 더 낫다. 위험도가 낮은 프로젝트에 대한 규제는 융통성 있게 하고, 위험도가 높은 영역은 철저하게 규제하여 규제자와 건설업체의 부담을 완화할 필요가 있다.

둘째, 규제절차와 인허가 및 승인 절차를 대폭 간소화하라. 절차의 디지털화 및 온라인 자동화로부터 큰 도움을 얻을 수 있다.

셋째, 새롭고 미래지향적인 규제를 통해 생산성을 높이면 인센티브를 주라. 정부가 스스로 R&D자금을 제공하고, R&D의 결과물을 공공조달 프로젝트에 의무적으로 적용토록 하며, 안정적인 숙련 기술인력도 양성하고, 파편화된 토지 등을 묶어서 생산성 높은 대규모 개발사업으로 추진하는 등과 같은 역할을 수행해야 한다.

발주자로서의 정부역할과 관련하여 맥킨지글로벌연구소도 계약제도의 틀을 바꿀 것을 주문하고 있다.[8] 핵심은 건설사업 참여자 간의 협력과 문제해결에 초점을 두고 가격이 아니라 최고 가치(best value) 중심으로 바꾸라는 것이다. 개편방향은 다음과 같다.

첫째, 건설업체를 종합적으로 평가하고, 구체적인 리스크 평가에 기초하여 계약을 체결하라. 건설업체의 역량을 종합적으로 평가하고 협상할 수 있는 팀을 구성할 수도 있고, 최고 가치 달성을 위해 복수의 기술력 평가와 경제성 평가 절차를 마련할 수도 있다.

둘째, 계약 이전부터 협력적 문화 형성을 위한 조치를 취하라. 초기 기획단계에 과도할 정도로 시간과 자원을 투입하고, 사업참여자를 통합하며, 디지털 협력 플랫폼과 솔루션을 구축하고, 서로의 경험으로부터 배우도록 해야 한다.

셋째, 협력을 촉진할 수 있는 계약방식을 채택해야 한다. 발주자는 전통적 계약방식에 인센티브 조항을 덧붙이고, 통합프로젝트발주방식(IPD)과 같은 대안적인 계약방식을 활용하여 협력을 제도화해야 한다.

글로벌 컨설팅 기관들이 권고하는 공통된 사항

보스턴컨설팅그룹이건 맥킨지글로벌연구소이건 정부의 역할이나 바람직한 정책을 제안할 때 공통적으로 강조하는 것이 있다. 지금껏 건설정책이나 제도가 점진적이고 사후적인 대응책 중심이었는데, 앞으로는 좀 더 포괄적·조직적이고 미래지향적이 되어야 한다는 것이다. 또한 품질과 안전이 중요하지만, 그것도 생산성과 함께 추구해야 할 목표라는 점이다. 정부가 규제개혁과 정부조달 혁신 및 정책적 지원을 통해 모범사례를 만들고, 건설산업의 생산성을 높일 수 있다는 생각도 같다. 이상과 같은 정부 역할은 건설산업의 생산성 혁명을 위한 신 건설산업정책을 수립할 때 모두 반영해야 할 검증된 솔루션이다.

PART
3

틀에 갇혀 있는
한국 건설산업

1

'갈라파고스 증후군'을 앓고 있는 한국 건설산업

진화론을 주창한 찰스 다윈은 갈라파고스 군도를 방문했다. 그곳에는 다른 대륙의 생물로부터 영향을 받지 않고 스스로 진화한 고유종이 있었다. 육지와 교류하게 되면서 외부종이 유입되자 면역력이 약한 고유종들은 멸종 위기에 처했다.

일본인들은 그들의 산업도 비슷한 처지라고 인식했다. 1990년대 일본의 제조업, 특히 IT산업은 내수시장에 안주하면서 자신들만의 표준을 추구하다 세계시장에서 밀려났다. 이런 현상을 일본에서는 '갈라파고스 증후군(Galapagos Syndrome)'이라 불렀다. 그리고 일본의 건설산업을 이에 빗대어 진화를 거부한 '갈라파고스 건설산업'이라고 칭했다.[1] 어떤 산업이라도 글로벌 스탠더드(global standard)와 동떨어진 채 자기만의 표준이나 기준에만 집착하면 세계시장에 진출할 수 없다. '갈라파고스 증후군'은 '우물안 개구리 증후군'이라 불러도 될 것 같다.

  한국 건설산업도 동일한 질환을 앓고 있다. 4차 산업혁명을 맞이했지만 건설산업의 근간인 법과 제도는 산업화 초창기 때와 별로 달라진 게 없고, 글로벌 스탠더드와도 거리가 멀다. 건설 생산성이 오랫동안 정체되었지만 국가적·산업적 차원에서 생산성 혁신을 추진한 적도 없다. 건설업체는 오랫동안 담합과 덤핑의 굴레를 벗어나지 못했다. 건설인력과 문화는 새로운 변화를 수용하지 못하고 있다.

개발연대의 법·제도와 규제가 건설산업을 지배하고 있다

Korea Construction & Global Syndrome

우리는 1962년 '1차 경제개발 5개년계획'이 수립되면서부터 정부 주도의 '개발연대'를 맞이했다.[2] 건설산업과 관련된 대부분의 법·제도 및 규제가 이 시기에 만들어졌다. '건설업법(1958)', '예산회계법(1962)', '건축법(1962)', '건축사법(1963)', '기술용역육성법(1973)', '해외건설촉진법(1975)', '주택건설촉진법(1977)', '건설기술관리법(1987)' 등 수많은 법률의 제정과 개정이 1960~1980년대 이루어졌다.[3] 법률마다 '촉진', '육성', '진흥' 혹은 아예 노골적으로 '관리'라는 단어가 들어간 것들이 많았다.

개발연대 건설산업과 관련된 법령들의 내용은 '규제와 보호'로 요약할 수 있다.[4] 혼탁한 시장질서를 바로잡기 위해 면허제도 같은 진입장벽을 세우거나, 중소기업 보호와 육성을 위한 지원제도가 핵심 내용이었다. 정부는 건설산업 발전을 위한 지원자이자 시장질서 확립을 위한 규제자로서의 역할을 수행했다. 정부 주도의 건설산업 정책도 산업화 초창기에는 비교적 큰 성과를 거두었다.

세계 표준화로 나가지 못하는 '코리안 스탠더드'

1980년대에는 우리 경제도 성장했지만 외국의 통상 압력도 강화되었다. 1990년대부터는 점차 경제정책도 개방과 국제화로 방향을 전환하기 시작했다.[5] 우루과이라운드(UR) 타결(1993)에 이어 건설시장도 1994년부터 단계적으로 외국 건설업체에 개방되기 시작했다. 1997년부터는 공공건설시장을 포함한 정부조달시장도 개방하게 되었다.[6]

1990년대 중반의 건설시장 개방으로 건설제도의 글로벌 스탠더드화가 시대의 화두로 부상했다. '국가를 당사자로 하는 계약에 관한 법률(1995)', '건설산업기본법(1996)'의 제정을 비롯하여 실제로 건설산업 관련 법·제도는 상당한 변화를 겪었다. 하지만 건설시장 개방에도 불구하고 아직까지 외국 건설업체가 우리 건설시장에 진입하여 수주한 사례는 찾아보기 어렵다.[7] 그러다 보니 글로벌 스탠더드 도입을 기치로 활발했던 법·제도 개선 작업이 어느 순간부터 또다시 퇴행적인 기존 질서로 되돌아갔다. 건설업 면허제도, 건설공사 예산편성 및 공사비 산정제도, 건설공사 발주제도, 건설업체 선별 및 입찰제도, 건설보증제도, 건설공사 낙찰제도, 지역·중소건설업체 보호·육성제도 등 수많은 건설제도들이 글로벌 스탠더드가 아니라 '한국적 현실'에 기초한 '코리안 스탠더드'로 남았다.[8] 개발연대, 산업화 초창기의 '규제와 보호'라는 틀을 탈피하지 못하고, 이처럼 '코리안 스탠더드'가 지배하는 우리 건설산업이 '갈라파고스 증후군'을 앓고 있는 것은 당연하다.

남발되는 규제

법·제도가 많아질수록 규제도 늘어난다. 그런데 한때 늘어나기만 하던 규제가 획기적으로 줄어든 때가 있었다. 1998년 김대중 정부는 규제개혁위원회에 등록된 규제 건수의 50%를 폐지했다. 당시 건설교통부 소관 규제는 917건이었는데 461건(50.3%)이 폐지되었다. 양적인 측면에서 놀라운 규제개혁이었지만, 질적인 측면에서는 여러 가지 한계가 있었다. 중요한 규제는 폐지율이 낮았고, 여러 부처와 연관된 규제는 손도 대지 못한 것들이 많았다. 개별 규제를 건별로 심의하여 폐지 여부를 결정하다 보니 연관된 규제의 종합적인 개혁은 이루어지지 못했다.[9] 그 이후 정권이 바뀔 때마다 규제개혁을 외치긴 하지만 눈에 띄는 성과는 없었다. 오히려 갈수록 규제가 늘어나고 복잡해졌다.

2017년 2월 기준으로 규제개혁위원회의 규제정보포털(www.better.go.kr)에 등록된 국토교통부 소관규제는 총 1만 742건이다. 이 중 62.5%에 달하는 6,718건이 건설산업 관련 규제다.[10] 특히 15대 국회(1996~2000), 16대 국회(2000~2004)만 해도 국회의 건설 관련 입법발의 건수는 각각 35건, 33건에 불과했다. 하지만 2000년대 중반부터 국회에서 건설산업 관련 법령의 입법발의가 폭증했다.[11] 17대 국회(2004~2008)에서 187건, 18대 국회(2008~2012)에서 300건, 19대 국회(2012~2016)에서는 445건으로 늘어났다. 국회의원들은 입법발의 건수 자체를 실적으로 생각하는 것 같다. 만약 입법발의 하는 족족 법제화가 이루어졌다면, 한국은 이미 오래 전 규제공화국으로 전락했을 것이다. 지역구의 민원이나 이익집단의 요구에 반응하지 않을 수 없는 국회의원 입법은 그 속성상 글로벌 스탠더드를 지향하기보다 '규제와 보호'에 치중하는 경우가 많다.

1998년 규제개혁위원회 등록 규제 건수의 50%를 폐지한 이후 20년이 지났다. 역대 정부마다 규제개혁을 외쳤지만 규제는 갈수록 늘어나고 있다. 특히 국회입법을 통해 규제가 폭증하고 있다. 종합적인 정비 없이 그때그때 임시방편식의 땜질 처방으로 누더기처럼 되어 버린 법령과 규제가 많다.

4차 산업혁명을 받쳐주지 못하는 법과 제도

지금 정치권에서는 개헌 논의가 한창이다. 1987년에 개정된 헌법이 지난 30년간의 우리 사회변화를 제대로 수용하지 못하고 있기 때문에 바꿔야 한다는 지적이 많다. 그런데 건설산업에는 30년이 아니라 40여 년 전에 만든 법령과 규제가 아직도 지배하고 있다. 예를 들면, 1975년에 단종공사업(오늘날의 전문건설업)이 도입되면서 40년 넘게 건설산업 구조와 건설생산체계의 근간을 형성하고 있다. 도입 당시의 건설산업 현실은 지금과 판이하게 다르지만 법·제도는 여전히 40년 전의 논리에 기초하고 있다. 이처럼 건설산업의 현실과 법·제도는 괴리가 클 뿐만 아니라 4차 산업혁명을 수용하는 데도 장애가 된다.

전 세계가 '규제에서 계약으로', '보호에서 경쟁으로' 법과 제도의 패러다임을 바꾸고 있다. 우리의 규제 강화 추세는 퇴행적이다. 퇴행적 규제는 '갈라파고스 증후군'만 앓게 하는 것이 아니다. 4차 산업혁명에도 뒤처지게 만든다. 예컨대 에어비앤비 같은 숙박공유서비스는 '관광진흥법'상 제한적으로 허용되기 때문에 사실상 내국인을 상대로 한 서비스는 불가능하다. 온라인 중고차 거래 플랫폼은 '자동차관리법'상 오프라인 사업장 규정을 동일하게 적용받는다. '여객운수사업법' 개정으로 고급택시에 앱으로 요금을 정산하는 '앱 미터기'가 도입되긴 했지만, 일반택시는 여전히 '전자식 미터기'를 장착하도록 규정되어 있다. '콜버스 랩' 서비스는 '여객운수사업법' 시행규칙 개정으로 합법화되었지만 서비스 시간 제한, 한정된 운송사업자 범위 등으로 사업화가 어려워져 '전세버스 예약 서비스'로 사업모델을 변경했다.[12]

벽에 부딪힌 국가 핵심 선도사업

국토교통부는 "4차 산업혁명과 혁신성장"을 주제로 한 국무총리 주재 '2018년 정부업무보고'에서 자율주행차, 드론, 스마트 시티를 국가 핵심 선도사업으로 정하고 정책역량을 집중키로 했다.[13] 하지만 이 같은 구상을 실현하는 데도 많은 규제장벽에 부딪히게 된다. 우리나라의 '자동차관리법'은 도로에서 자율주행차의 주행을 허용하지 않는다. 연구 목적 차량의 도로 주행을 허가하고 있긴 하지만 그것은 어디까지나 일반 차량에만 적용되는 규정이다. '자동차관리법' 별표 6-2에서는 "자율조향장치(자율주행차를 의미)는 설치할 수 없다"고 규정하고 있다. 자율주행차를 개발했어도 시험주행은 할 수 없다는 것이다.

드론도 마찬가지다.[14] '항공안전법'에서는 비행 금지구역, 공항 주변, 고도 150m 이상, 행사장 등 인구밀집지역, 군사시설 주변, 야간비행(일몰 후~일출 전), 가시권 밖 비행 등은 드론 비행을 제한하고 있다. 이런 제한사항을 모두 준수한다면, 서울 대부분이 비행 금지구역이거나 제한구역이다. 또한 무게 12kg 이상, 길이 7m가 넘는 드론은 사전에 신고해야만 비행할 수 있다. 25kg 이상인 드론은 안전성 인증도 받아야 한다. 그나마 규제가 적은 곳은 드론 시범사업지역(7곳)과 전용비행구역(10곳)인데, 이들 지역은 대부분 지방이다. 정부도 이 같은 상황을 모르고 있지 않다. 대통령 주재 '제4차 규제 혁신토론회(2018.1.22.)'에서는 스마트 시티와 자율주행차, 드론 산업을 육성하기 위해 일정 기간 규제를 면제 또는 유예시켜주는 '규제 샌드박스'를 도입하기로 했다.[15] 이렇게 해서라도 시대착오적인 규제의 개혁이 이루어져야 한다.

낮은 건설생산성이 지속되어도 대책이 없다

2017년 맥킨지글로벌연구소 분석자료에 따르면, 우리 건설산업의 노동생산성은 선진국의 3분의 1 수준에 불과하다. 조사대상 41개국 중에서 19위를 기록했다. 전 산업 생산성증가율 대비 건설생산성 증가율의 격차는 40위로 사실상 꼴찌 수준이다.[16] 글로벌 컨설팅 기관의 국제비교 자료는 그렇다 치고 국내 자료도 살펴보자.

최근 5년간(2011~2015년) 건설 노동생산성은 2.31% 증가하는 데 그쳤다. 종합건설업체의 노동생산성은 건설경기의 부침에 따라 변동성이 컸지만, 하도급을 수행하는 전문건설업체의 노동생산성

● 건설업 노동생산성 수준 및 추이

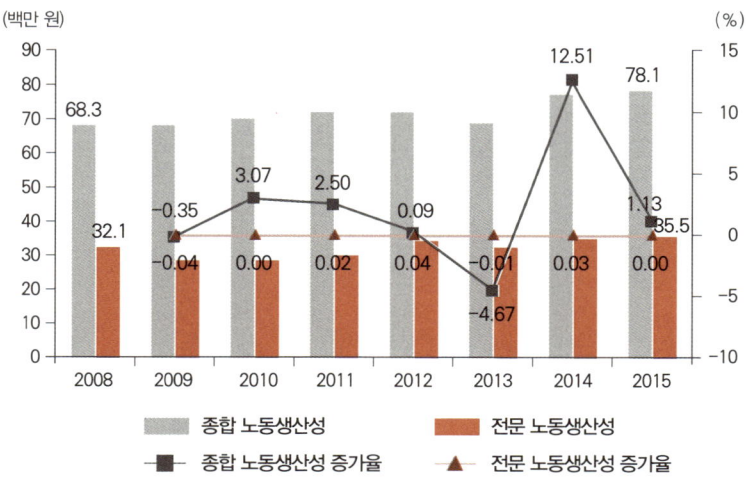

주: 부가가치는 2010년 기준 불변가격, 산업분류는 제10 표준산업분류기준으로 전문건설업에 전기 및 정보통신공사업 포함.
자료: 나경연(2018.2), "건설업 영업범위의 선진화 방안", 〈건설생산체계 혁신세미나 자료집〉, 한국건설산업연구원.

은 0.01% 증가로 사실상 변화가 거의 없다.[17]

이처럼 건설생산성이 현격하게 낮거나 정체되어 있어도 그 원인을 분석하고, 생산성 혁신 방안을 제시하여 실행한 뒤, 성과를 측정해서 다시 생산성 향상 목표를 재수립하는 국가적·산업적 차원의 노력은 별로 없었다. 오랫동안 건설산업정책의 핵심적인 이슈는 생산성 향상이었다기보다 부실 방지, 안전 확보, 상생협력과 동반성장, 건설기술 발전, 국제경쟁력 강화와 해외진출 확대 등이었다.

국토교통부에서 매 5년마다 법정 계획의 일환으로 작성하는 '건설산업진흥기본계획'이나 '건설기술진흥기본계획'에는 생산성 향상과 관련된 내용이 포함되어 있긴 했다. 그럼에도 불구하고 실제 건설생산성이 답보 상태에 있다면 계획의 실효성을 인정하기 어려울 것이다. 또한 이들 계획은 국토교통부 내 특정한 1개 국(局) 단위에서 수립된 것인지라 연관 부처를 포함한 범정부 내지 국가적 차원의 계획은 아니었다. 계획 수립을 위한 법적 근거가 있다는 점에서 법정 계획이긴 하지만, 모든 공공발주기관에게 실행을 강제할 수 있는 계획도 아니다. 계획에 포함된 정책과제의 객관적인 성과 측정 결과나 목표 달성 여부도 별로 알려져 있지 않다.

최근 국토교통부는 '제6차 건설기술진흥기본계획(2018~2022)'에서 '스마트 건설자동화 등 4차 산업혁명에 대응하는 기술개발을 통해 건설현장의 노동생산성을 40%까지 향상'시키겠다는 목표를 명시적으로 제시했다.[18] 우리 건설산업의 생산성이 크게 뒤처져 있고, 4차 산업혁명 기술을 활용하여 건설 생산성을 획기적으로 향상하겠다는 정부 계획은 환영할 만하다. 다만, 지금까지처럼 선언적 수준에 그칠 것이 아니라 제대로 실행하는 일이 중요하다.

건설업체는 담합과 덤핑의 굴레를 벗어나지 못하고 있다

Korea Construction & Global Syndrome

우리나라의 공공공사 낙찰제도는 최저가 낙찰제로 출발했다(1951~1960년). 그러다 '지나친 저가 낙찰(=덤핑)'이 만연하면 입찰참가자의 평균 입찰가격에 근접하거나 법령에서 정한 최저 낙찰률(=예정가격 대비 낙찰금액)에 가장 근접한 입찰자를 낙찰자로 선정하는 '요행에 의한 낙찰제도'를 도입한다. 그러다가 또다시 경쟁원리를 내세워 최저가 낙찰제로 되돌아가는 행보를 반복해 왔다.[19]

빈번했던 입찰담합

최저가 낙찰제에서 건설업체들은 생존을 위해 입찰담합이 불가피하다고 주장한다. 만약 입찰담합이 없었다면 건설업체들은 저가 낙찰로 인해 큰 손실을 보았을 것이라고 한다. 하지만 최저가 낙찰제가 아니라 요행에 의한 낙찰제도를 시행할 때도 입찰담합은 존재했다. 공공건설시장이 외국 건설업체에 개방된 이후에도 마찬가지였다. 실제로 1997년 1월부터 1998년 7월 사이 조달청, 도로공사, 주택공사에 발주한 100억 원 이상 공사 388건 중 낙찰률 90% 이상인 공사는 57.7%나 되었다.[20] 이러한 결과는 약 60%가량의 공공공사 입찰에서 담합이 이루어지다 보니 낙찰률이 90%를 넘어선 것이 아닌가 하는 의혹을 받았다.

건설업체의 입찰담합은 수시로 단죄되었다. 1996년에는 100대 대형 건설업체 대부분이 담합혐의로 기소되었다. 1998년에는 대형 건설업체 9개사를 입찰담합 혐의로 처벌하고 범정부 차원의 담합 방지 대책을 수립했다. 2002~2012년 10년 동안 적발된 입찰담합 건수는 60여 건에 달했다. 특히 4대강 사업이나 호남고속철도 등과 관련해서는 2014년에만 18건, 2015년에 12건, 2016년 6월까지 2건 등 모두 32건이 적발되었다.[21] 적발된 입찰담합 건에 대해서는 담당 임원의 구속, 과징금 부과, 입찰참가자격 제한 등 '형법', '공정거래법', '건설산업기본법'에 근거한 중복적인 처벌과 제재 조치가 부과되었다.

선진국은 최고 가치 낙찰 추구

2010년대에 들어서면서 건설업계의 화두는 적정공사비 확보로 바뀌었다. 지금은 수익성을 기대할 수 없을 정도로 지나친 저가 낙찰(덤핑)이 큰 문제로 대두된 것이다. 그 원인도 복합적이다.

정부 공사비 산정기준이 되는 실적공사비 단가는 2004~2014년 간 36.5%나 떨어졌다. 발주기관의 관행적인 공사비 삭감이나 일부 경비항목의 자의적인 조정도 적정공사비 확보를 어렵게 만들었다. 300억 원 미만 공공공사에 적용되던 적격심사제도의 낙찰하한율은 2000년 이후 약 17년간 고정불변이었다. 반면 건설공사비 지수는 자재가격과 인건비 상승 등으로 인하여 2000~2017년간 약 108%나 상승했다.

이렇게 되다 보니 공공공사 매출액 비중이 100%인 건설업체들의 평균 영업이익률은 2005년 이후 10년간 거의 매년 마이너스를 기록했다. 공공공사는 수주하면 할수록 손해를 보고 있다는 것이다. 종합건설업체의 매출액 영업이익률도 2010년까지는 5%대를 유지하다가 2011년에는 4.1%, 2012년에는 3.2%, 2015년에는 0.6%로까지 주저앉았다.[22]

최저가 낙찰제 같은 가격 중심의 경쟁입찰제도에서는 건설업체 간 협력이 이루어지지 않는다. 또 저가 낙찰이 이루어지면 가치사슬을 따라 1차 하도급자, 2차 하도급자로 그 파장이 퍼져나간다. 기술개발을 하고 신기술을 도입한들 가격 중심의 입찰제도에서는 낙찰자가 될 수 없다. 공사를 하면 할수록 적자만 쌓이는 구조에서 디지털 기술의 도입과 활용을 위한 투자가 이루어질 수 없는 것이다. 4차 산업혁명을 선도하고 있는 건설 선진국들이 이미 오래 전부터 최저가 낙찰제 대신 '최고 가치(best value)'[23] 낙찰방식을 채택하고 있는 것과 대조된다.

건설인력과 문화가 변화를 수용하지 못하고 있다

Korea Construction
& Global Syndrome

건설산업이 늙어간다. 건설기술인력이나 기능인력이 고령화되고 젊은 인력의 건설산업 유입이 이루어지지 않고 있다. 건설산업의 55세 이상 취업자 비중은 53.1%(2015.5) → 58.5%(2016.5) → 60.8%(2017.5)로 늘어났다. 최근 5년간(2012~2017) 건설산업에 새로 취업한 청년층(15~29세) 비중은 5%대에 불과하다.[24]

이 같은 건설인력의 고령화는 노동생산성 하락을 초래한다. 또한 4차 산업혁명의 새로운 기술을 배우고 실행하는 데도 장애요인이다. 특히 첨단 정보통신기술의 활용은 상대적으로 저조할 수밖에 없다.[25] 기존의 작업방식을 고집하거나 새로운 변화에 저항하는 경우도 많다. 건설산업만이 아니라 젊은 인재의 영입이 제대로 이루어지지 않는 산업은 사양산업으로 전락할 가능성이 높다.

청년층을 끌어당기지 못하는 고령화 대책

건설인력의 고령화 대책도 문제다. 일본처럼 건설로봇을 활용하여 고령화된 건설인력의 현장 투입을 줄이든지, 현장 시공보다 공장 제작 및 조립방식을 활용해서 현장인력 투입을 줄이자는 요구도 별로 없다. 1인당 국민소득 3만 달러 시대인데도 새로운 대안책을 마련하지 못하고, 과거처럼 인센티브를 더 줘서 청년층을 건설산업으로 유인하자는 것이 주류를 이루고 있다.

버려야 할 적대적 건설 문화

우리 건설문화도 그다지 좋은 평가를 받고 있지 못하다. 결과지향적 도전주의, 업역주의, 수직적 주종주의, 정부나 제도 의존적인 타율 문화, 이기적이고 배타적인 문화, 상명하복 내지 상명하달식의 군대문화, 연고주의와 부정·부패 친화적 문화, 평등주의 문화, 빨리빨리 문화, 대충대충 문화 등이 흔히 열거되는 건설문화의 내용이다.[26] 개발연대의 고도성장기에는 이 같은 건설문화가 도움이 될 때가 있었다. 하지만 4차 산업혁명에는 어울리지 않는 문화다.

4차 산업혁명은 소통과 협력의 문화를 요구한다. 하지만 우리 건설문화는 적대적이다. 발주자와 시공자가 적대적이고, 설계자와 시공자가 적대적이다. 종합건설업자와 전문건설업자도 적대적이다. 건설업자와 전기공사업자·정보통신공사업자도 적대적이다. 이렇게 된 데에는 법·제도와 규제 탓이 크다. 칸막이식 규제와 하도급 규제 및 가격 중심의 입찰제도 등이 복합원인으로 작용했다. 한쪽의 이익은 다른 쪽의 손해라는 제로섬 게임 구조 속에서 각자가 소속 집단의 배타적 이익 추구를 위해 규제 신설과 강화를 요구하는 일도 비일비재했다. 적대적 건설문화는 4차 산업혁명의 수용을 가로막는 요인이다.

2

혁신적인
건설 스타트업이 없다

건설 스타트업,
늘어난 게 없다

Korea Construction
& Global Syndrome

건설산업의 스타트업에 관해 말하기 전에 건설업종에 대한 설명부터 하자. '건설산업기본법'에서는 건설산업을 직접 공사를 수행하는 '건설업'과 설계·엔지니어링 같은 용역을 수행하는 '건설용역업'으로 구분하고 있다. 건설업에는 종합적인 계획, 조정, 관리를 하면서 시설물을 시공하는 '종합건설'과 시설물의 일부 또는 전문분야의 공사를 시공하는 '전문건설업'이 있다.

건설산업의 업종에는 이들 2가지만 있는 것이 아니다. 전기공사업, 정보통신공사업, 소방시설공사업, 문화재수리공사업도 건설공사의 일부를 수행하는 전문공사업이다. 하지만 이런 전문공사업은 국토교통부 소관의 '건설산업기본법'이 아니라 산업통상자원부의 '전기공사업법' 등 다른 부처 소관의 다른 법률에 규정되어 있다. 그렇기 때문에 이들 4개 공사업에 대해서는 '건설산업기본법'의 적용이 명시적으로 배제되어 있다.

건설산업 내부에는 그 외에도 수많은 업종이 있지만, 가장 규모가 크고 많은 비중을 차지하고 있는 것이 '건설산업기본법'상의 종합건설업과 전문건설업이다. 종합건설업은 토목건축공사업, 산업·환경 설비공사업 등 5개 세부업종으로, 전문건설업은 실내건축공사업, 토공사업, 시설물유지관리업 등 29개 세부업종으로 구분되어 있다. 이 책에서는 주로 종합건설업과 전문건설업에 초점을 두고 논의를 진행할 것이다.

통계청의 건설업 조사(2018.01) 결과를 보면, 종합과 전문을 합한 건설업체 수는 최근 5년간(2012~2016) 연평균 1.2%씩 늘었다. 2016년 말 기준으로 종합건설업체 수는 9,766개였고, 전문건설업체 수는 5만 9,742개였다. 매출액은 종합건설업체(2.6%)와 전문건설업체(2.9%) 모두 늘었다. 그런데 최근 5년간 종합건설업체 수는 연평균 0.8%씩 줄었다. 전문건설업체만 연평균 1.6%씩 늘었다.

한때 건설업체 수가 급증했던 시기가 있었다. WTO 정부조달협정에 따라 정부조달시장이 외국 건설업체에 개방되던 1997년부터 2005년까지가 바로 그 시기다. 종합건설업체 수가 급증했던 이유는 건설업 면허의 수시 발급, 면허제의 등록제 전환 등으로 진입장

● 건설산업기본법의 건설산업 범위

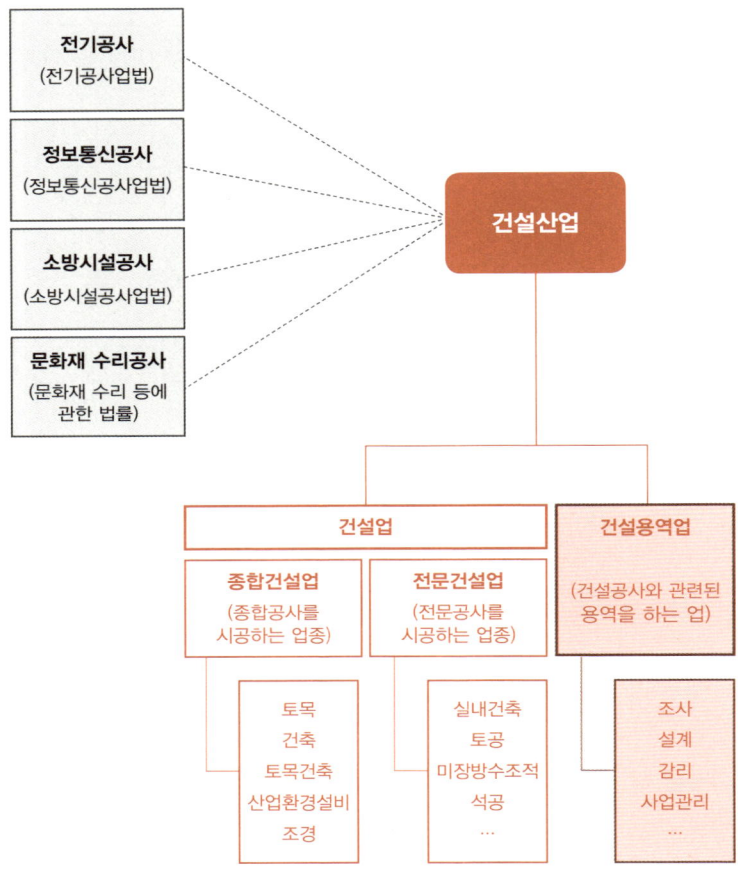

• 건설산업의 세부 업종

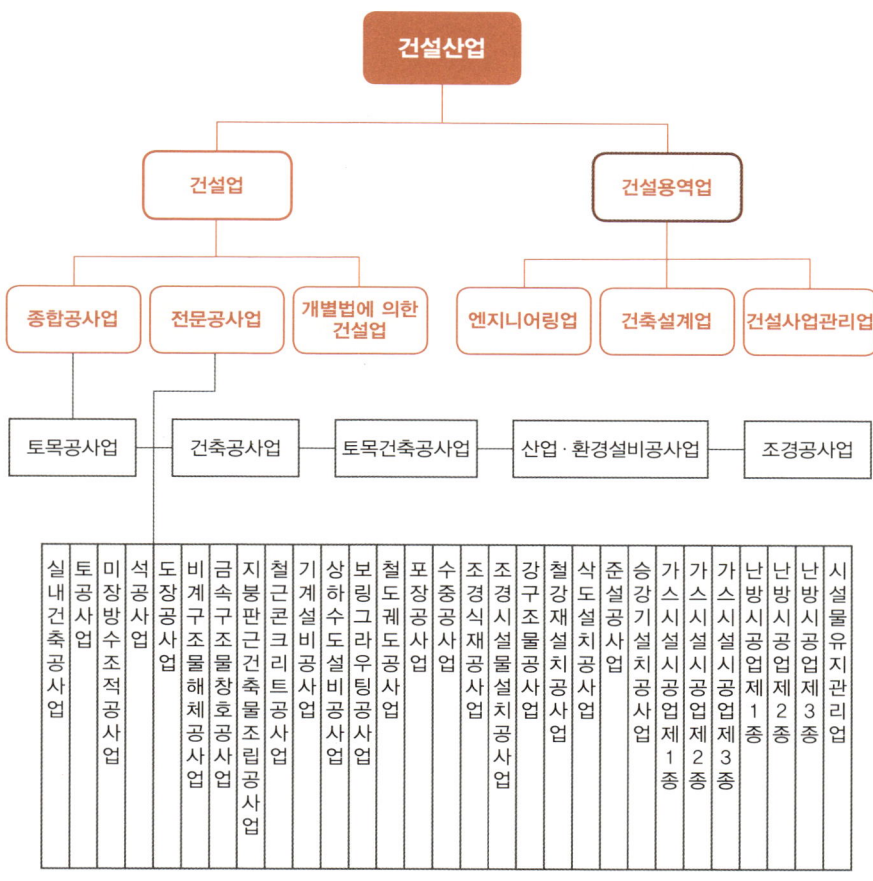

자료: 국토연구원(2016), 〈건설시장 여건변화에 대응한 건설업역체계 합리화 방안 연구〉, '건설산업기본법' 및 동법 시행령.

● 건설정책 및 제도변화와 종합건설업체 수의 추이

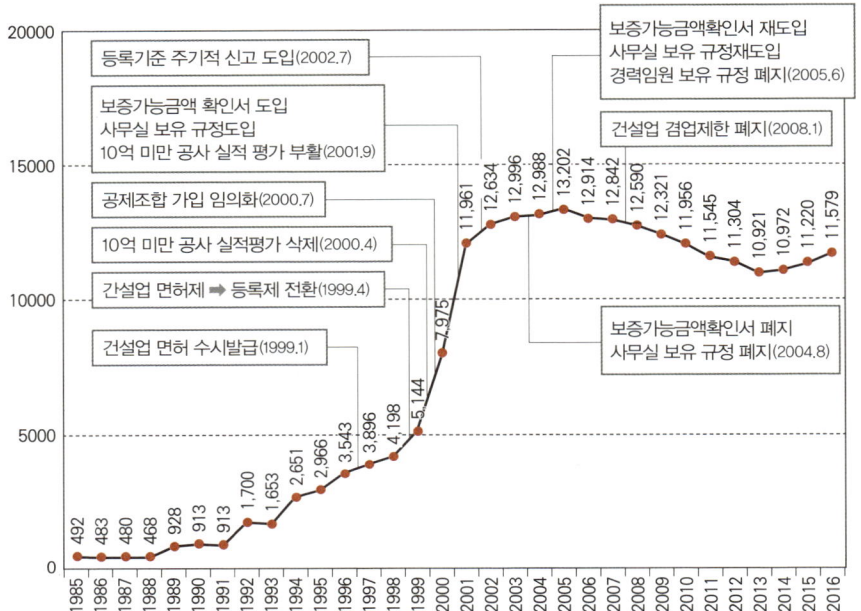

자료: 나경연·최민수(2018), 〈건설업 등록기준의 개선방안〉, 한국건설산업연구원, p.94.

벽이 낮아진 탓도 있다. 그보다 더 큰 이유는 공공공사 입찰제도가 '복권당첨식'으로 운용되다 보니 낙찰확률을 높이기 위한 페이퍼 컴퍼니가 대거 양산되었기 때문이다.[1] 2005년 이후에는 페이퍼 컴퍼니 억제를 위한 다양한 규제 조치의 시행과 적정 공사비가 반영되지 못한 탓에 공공공사의 수익성 악화가 지속되었다. 그 결과 종합건설업체 수는 오히려 줄어들었다.

최근 5년간(2013~2017) 건설경기는 호황이었다. 특히 2016년 종합건설업체의 수주액은 사상최고치인 165조 원에 달했다. 이처럼 경기가 좋을 때라면 새로 건설시장에 진입하는 스타트업도 우후죽순처럼 늘어날 법도 한데 실상은 달랐다. 2001년 이후 연평균 신규 진입한 종합건설업체 수는 1,148개 사였고 퇴출은 772개 사였다. 이처럼 전체 등록업체의 약 10% 내외가 매년 퇴출되거나 신규 진입을 반복하고 있는 상황으로 이는 정상적이라고 보기 어렵다.[2]

새로 시장에 진입한 건설 스타트업이라고 해서 새로운 기술이나 새로운 비즈니스모델을 갖춘 사례도 찾아보기 어렵다. 아직까지 우리 건설산업에서 유니콘 기업은 단 1개도 탄생한 적이 없다.

진입장벽을 넘기도 힘들고 유지하기도 어렵다

　건설시장의 스타트업이 적은 이유 중 하나는 진입장벽이 높다는 데 있다. '건설산업기본법'에서 정한 종합건설업 5개 업종 중 하나인 '토목건축공사업'의 등록기준을 보자. 11명의 기술자를 보유해야 하고, 최소 자본금은 12억 원 있어야 하며, 사무실도 보유해야 한다. '토목공사업' 등록기준은 기술자 6명에 자본금 7억 원, '건축공사업'은 기술자 5명에 자본금 5억 원이 필요하다. 여기에 사무실 보유요건도 있다. 건설 스타트업이 이 같은 등록요건을 갖춰서 1년간 운영하려면 상당한 수준의 매출이 발생해야 한다.[3]

건설시장에 처음 진입할 때는 최소한의 기술자와 자본금을 요구하되, 공사 수주가 많아질수록 입찰단계에서 발주자가 더 많은 기술자와 자본금을 요구하는 것이 바람직하다. 하지만 우리처럼 처음부터 진입장벽이 높으면 스타트업이 늘어날 수가 없다. 진입장벽이 높으니 소규모 주택공사 등을 수행하는 '무등록업자'들은 건설업 등록을 하기보다 '등록 대여'라는 불법행위를 통해서 건설활동을 수행하는 경우가 많다.[4]

진입규제가 높을수록 낮은 노동생산성

우리 건설산업의 진입장벽이 국제적인 기준에 비해 높은지 또는 낮은지도 비교해 볼 필요가 있다. OECD에서는 5년마다 건축시장 진입규제지수를 발표하고 있다. 배타적인 영업범위나 기술자 교육 및 사무실 요건 등을 종합적으로 평가한다. 최근 평가결과를 보면, 한국의 건축시장 진입규제지수는 1.58로 35개 OECD국가의 평균인 1.56과 비슷한 수준이다. 호주, 핀란드, 네덜란드, 뉴질랜드, 스웨덴은 진입규제지수가 '제로(0)'였고, 영국은 0.73, 미국은 0.75, 일본은 0.81이다.[5] 미국 대비 한국의 진입규제지수는 2.1배였고, 영국에 비해서는 2.2배, 일본에 비해서도 2배나 높았다. 이처럼 건설산업의 진입규제지수가 높을수록 전 산업 대비 건설산업의 노동생산성 증가율의 격차도 더 높았다.[6] 다시 말해서 진입규제가 높을

수록 노동생산성도 낮다는 것이다.

우리 건설시장의 진입장벽이 높다는 주장에 대해서는 반론도 많다. 1997년 정부조달시장 개방을 계기로 시장진입장벽이 낮아졌고, 너무 많은 건설업체가 시장에 진입한 것이 문제라고 한다. 한때 건설업계에는 '노래방보다 더 만들기 쉬운 게 건설업체'라는 말도 나돌았다. 법정 자본금은 등록할 때만 잠깐 대출해서 갖고 있으면 되고, 보유 기술자 요건도 기술자 등록 대여 같은 불법행위를 통해 갖출 수 있다는 것이다. 이처럼 건설시장에 법정 등록기준도 못 갖춘 페이퍼 컴퍼니가 너무 많으니 실태조사를 통해 페이퍼 컴퍼니를 건설시장에서 퇴출시키고, 아무나 건설시장에 진입할 수 없도록 등록기준을 강화해야 한다는 목소리도 높다.[7] 실제로 2000년대 들어 정부는 건설업 실태조사를 강화했다. 사무실 보유 및 보증가능금액 확인제도 도입 등도 이루어졌다.

현재의 건설업 등록기준이 과중한지 아닌지는 각자 처한 입장에 따라서 다른 평가를 내리고 있다. 하지만 몇 가지 실태조사 결과를 보자.[8] 대한건설협회에서 2012년에 조사한 결과에 따르면, 종합건설업체 중 등록기준 미달인 업체의 비중은 54.4%였다. 경희대학교에서 2012년 건설업 전문경영인 381명을 대상으로 조사한 결과, 자본금 상시 보유 업체는 13.1%에 불과했다. 등록 건설업체의 50% 이상이 부실·부적격업체라는 의견도 30.4%였다. 국토교통부는 2014년 9월 '부실업체 조기경보 시스템'을 운영하면서, 자본금 기준 미달이 의심되는 건설업체를 1만 2,461개 사나 적발했다. 원칙적으로 건설업 등록기준조차 갖추지 못한 무자격업체는 시장에서 퇴출되어야 한다. 하지만 그 비중이 50% 수준이라면 등록기준이 너무 과중한 것이 아닌지 점검해야 한다.

수평적 통합을 기대하기 어려운 이유

우리 건설시장의 진입장벽은 종합건설업과 전문건설업이라는 내부 문제에만 국한해서 생각할 일이 아니다. 토목공사이건 건축공사이건 1건의 공사라도 1개의 건설업 등록만으로는 건설사업을 영위할 수 없다. 정부 부처마다 제각각 다른 법률로 별도의 진입장벽을 운영하고 있기 때문이다. 1건의 토목·건축공사에 포함된 전기나 통신 및 소방시설공사라도 시공자격을 갖추기 위해서는 산업자원부, 정보통신부, 행정자치부 소관의 별도 법률[9]에 따라 등록해야 한다. 문화체육부 소관의 문화재 수리공사와 마찬가지로 이들 전기, 정보통신, 소방시설 공사는 '건설'공사가 아니다. 2000년대 들어 환경부도 지하수 개발·이용 시공업(2005), 대기오염방지시설업(2007), 개인하수처리시설 설계·시공업(2008), 가축분뇨 처리시설 등의 설계·시공업(2008), 환경전문공사업(2009) 등을 신설했다. 산림청도 산림사업법인(2006)을, 고용노동부도 석면해체·제거공사업(2008)을 신설했다.[10] 이런 개별 시공업종의 업무내용은 '건설산업기본법'에 규정된 토목공사업, 조경공사업, 산업환경설비공사업, 비계구조

물해체공사업 등과 중복되기도 한다. 설계나 유지관리를 제외하고, 건설공사 시공자격만 해도 유사·중복 규제가 이만큼 많다. 소규모 건설 스타트업이 이렇게 많은 분야의 시장진입 요구조건을 충족하거나 유지하는 것은 불가능하다. 대기업도 불가피하게 수많은 건설공사 업종별로 중복 등록을 할 수밖에 없다. 이처럼 서로 다른 부처별로 다수의 상이한 법령과 규제가 존속하는 한, 건설생산과정의 수평적 통합(horizontal integration)은 기대하기 어렵다.

건설생산의 수직적 통합은 불가능하다

건축설계사와 시공사 간의 벽

우리 건설산업에서는 '기획-설계-시공-유지관리'로 이어지는 건설생산과정의 수직적 통합(vertical integration)도 불가능하다. 앞서 설명한 미국의 혁신적 스타트업인 카테라는 건축생산과정의 수직적 통합을 달성한 회사다. 하지만 우리나라에서 건축설계업은 '건축사' 자격증을 갖춘 사람이 대표이사로 있는 '건축사 사무소' 명칭을 갖춘 회사에서만 할 수 있기 때문에 건축설계와 시공의 수직적 통합은 제도적으로 불가능하다. 물론 '건축사법'의 규제요건을 모두 갖추면 할 수 있다고 우길 수는 있다. 회사의 대표이사로 반드시 건축사 한 명을 선임하고, 회사 이름도 '○○건설 건축사 사무소'라고 하면 된다.[11] 이 같은 규제를 운영하고 있는 사례는 어디에서도 찾아보기 어렵다. 스마트 홈, 스마트 빌딩, 스미트 시티, 그린 빌딩 등을 만들고자 한다면 관련 기술이 설계에 반영되어야 한다. 하지만 시공을 하는 건설업체는 처음부터 건축설계를 할 수 없게 해놓고 정보통신기술을 적용한 신기술·신상품의 개발과 생산과정의 수직적 통합을 운운하고 있다.

시공사와 운영·유지관리사 간의 벽

건축설계와 시공만이 아니라 시공과 시설물 운영 및 유지관리의 수직적 통합도 어렵다. 특히 1996년 '건설산업기본법'으로 '시설물 유지관리업'이 전문건설업종으로 편입되면서 건설업역 간의 갈등은 갈수록 심화되고 있다.[12] '시설물 유지관리업'이라는 업종은 외국에서는 찾아보기 어려운 건설업종이다. 시설물을 시공하는 건설업체가 가치사슬의 앞단계에 있는 설계도 할 수 있고, 뒷단계에 있는 유지관리업무를 할 수 있어야 건설생산과정의 수직적 통합이 가능하다. 미국의 카테라를 벤치마킹하고 싶어도 지금과 같은 규제가 존속하고 있는 한 혁신적 스타트업의 탄생은 기대하기 어렵다.

최대 고객이 기술을
요구하지 않는다

Korea Construction
& Global Syndrome

한국을 대표하는 전자산업이나 자동차산업은 진입장벽이 높아서 업체 수가 적은 것이 아니다. 대규모 장치산업은 초기 투자비가 어마어마하게 많이 들기도 하지만, 고객이 기술력이 떨어지는 제품을 철저하게 외면하기 때문에 아무나 시장진입을 감행하기 어렵다. 건설산업에서도 기술기반의 혁신적 스타트업이 활성화되려면 진입장벽의 해소만으로는 안 된다. 고객인 발주자가 혁신적 스타트업의 가치를 인정하고 적극 활용해야 한다. 하지만 우리 건설산업에서는 공공과 민간부문을 가릴 것 없이 '최저 가격' 제공업체를 우선시한다. 기술과 품질을 더 중시하는 고객은 찾아보기 어렵다. 연간 약 50조 원의 계약실적을 기록하고 있는 건설산업의 최대 고객인 정부도 그렇다.

앞서 언급했듯이, 2000년대 초반에는 종합건설업체 수가 폭발적으로 늘었다. 건설경기가 초호황이어서 그랬던 것은 아니다. 건설업 면허제의 등록제 전환과 같은 진입장벽 완화도 일부 영향은 있었지만, 그리 컸다고 보기 어렵다. 그보다는 '복권당첨식 낙찰제도'라는 비아냥을 받던 적격심사제도가 1999년부터 모든 공공공사에 적용된 것이 더 큰 원인이었다.

요행을 바라는 복권식 입찰제

적격심사제도의 취지는 좋았다. 정부조달시장 개방(1997)을 맞아 최저가 낙찰제 및 제한적 최저가 낙찰제를 전면 폐기하는 대신 기술력과 가격 등을 종합적으로 평가하여 적격한 업체를 낙찰자로 선정하겠다는 취지였다.

그러나 실제 운영은 취지와 달랐다. 가격을 제외한 요소는 변별력 부재 등의 이유로 입찰업체 대부분이 만점을 받았다. 결국 공사 규모별로 정해진 종합평점을 받을 수 있는 최저가격 입찰자를 낙찰자로 선정하는 것이 적격심사제도였다. 입찰업체들은 그 종합평점을 받을 수 있는 최저 가격에 입찰할 수밖에 없었다.

그런데 낙찰자 선정의 기준이 되는 예정가격을 1개만 작성하여 공개한다면, 입찰참가자 대부분은 동일한 종합평점을 받을 수 있는 가격에 입찰할 가능성이 크다. 이 문제를 해소하기 위해 공공기관은 복수의 예비가격을 만들었고, 입찰 당일에 추첨을 통해 선정한 몇 개의 예비가격을 산술평균하여 예정가격으로 정했다. 예를 들면 2000년에 조달청은 15개 예비가격을 마련해 두었다가 입찰당일 4개를 추첨하여 산술평균한 가격을 예정가격으로 정했다. 입찰업체들은 이렇게 결정된 예정가격을 기준으로 공사규모별로 정해진 종합평점(예: 1,000억 원 이상 공사는 85점, 1,000~300억 원 이상 공사는 90점, 300억 원 미만 공사는 95점 등)을 받을 수 있는 최저 가격에 입찰하는 것이다.

그런데 15개의 복수 예비가격에서 4개를 뽑아 산술평균한 예정가격은 1,365개가 나올 수 있다. 만약 1개 업체가 입찰하면 낙찰확률은 1,365분의 1이다. 2개 업체를 만들어서 서로 다른 가격에 입찰하면 2배, 3개를 만들어서 입찰하면 3배…, 이렇게 여러 개 업체를 만들어서 입찰하면 낙찰확률이 높아진다. 이 같은 적격심사제도의 제도적 맹점을 이용한 '입찰용 페이퍼 컴퍼니' 만들기가 성행했다. 2000년대 초반 종합건설업체 수가 급증했던 원인은 여기에 있다.[13]

지금도 매주 발표되는 로또복권의 당첨 구조를 보자. 45개 숫자 중에서 6개를 맞히면 1등 당첨자가 된다. 그런데 그 확률은 814만분의 1이다. 적격심사 공사의 낙찰자가 되기 위한 확률은 1,365분의 1이다. 확률은 달라도 구조는 같다. 그래서 건설업계는 적격심사제도를 '복권당첨식'이라느니, '요행(운)에 의한 낙찰제'라는 의미에서 '운찰제(運札制)'라고 부르는 것이다. 이 같은 적격심사제도의 문제점에 대한 비난이 커지자 2001년부터는 1,000억 원 미만 공사로, 2006년에는 300억 원 미만 공사로 적용대상을 대폭 축소했다.[14] 지금도 300억 원 미만 공사에는 적격심사제도가 적용된다. 또한 50억 원 미만의 중소규모 공사 입찰에서는 해당업종 실적과 경영상태 및 건설업 등록기준상의 기술자 보유요건 정도만 평가하고 있다. 이처럼 기술과 무관하게 낙찰자가 선정되는 구조에서 기술 기반의 스타트업이 설 자리가 없다.

수주할수록 적자가 쌓이는 공공 건설시장

건설업 등록기준 완화와 입찰제도 변화, 둘 중 어느 것이 종합건설업체 수를 더 늘리는 데 기여했을까? 1985~2016년까지의 건설업 등록기준 완화와 종합건설업체 수 증감 간의 상관계수는 0.08이었던 반면, 입찰제도 변화와 종합건설업체 수 증감 간의 상관계수는 0.59로 6배나 많았다.[15] 2000년대 초반 건설시장에 새로 진입한 스타트업은 기술기반의 혁신 기업이 아니라 입찰제도의 맹점을 이용하여 낙찰확률을 높이기 위한 페이퍼 컴퍼니가 압도적으로 많았던 것이다.

정부도 페이퍼 컴퍼니 문제를 잘 알고 있다. 실태조사를 통한 시장퇴출 작업도 여러 차례 했고, 등록기준을 강화시키기도 했다. 그렇다면 최근 들어 종합건설업체가 줄어든 이유는 이러한 정부대책이 먹혀서일까? 그렇지 않다.

공공공사에서 적정공사비 확보가 되지 않다 보니 공사를 수주하면 할수록 적자가 누적되는 기이한 구조가 장기간 지속된 것이 가장 큰 이유다. 페이퍼 컴퍼니를 설립하고 유지하는 데도 비용이 든다. 그럼에도 불구하고 수익성을 창출할 수 없는 것이 공공 건설시장인지라 자발적인 퇴출업체가 늘고 있는 것이다.[16]

민간시장에서는 페이퍼 컴퍼니가 문제될 게 별로 없다. 대부분의 민간공사는 민간발주자 개개인의 연고 내지는 철저한 업체 조사결과를 토대로 수의계약이 이루어지기 때문이다. 공공 건설시장에서만 페이퍼 컴퍼니 문제가 심각하다. 최대 고객인 정부가 기술력을 평가하지 않고 요행에 의한 낙찰자 선정만 하면서 혁신적인 건설 스타트업이 탄생하기를 바랄 수 없다.

'분업과 전문화' 패러다임이 지배하고 있다

건설업종의 분화, 이렇게 이루어졌다

1960년대와 같은 산업화 초창기에는 건설업체의 규모도 작고 이렇다 할 기술력도 없었다. 하지만 경제개발계획이 본격적으로 실행되고, 경제성장이 가속화되면서 국내 건설시장도 급성장하기 시작했다. 그 과정에서 건설업 면허제도를 통해서 일정 수준의 자격을 갖추지 못한 업체는 시장진입을 막았다. 다른 한편으로는 시장에 진입한 건설업체 간 적정한 역할분담과 물량배분의 기준을 정립하는 정책과 제도가 생겨나기 시작했다.

일반건설업과 전문건설업의 겸업이 금지되던 시기

　정부는 시공을 담당하는 건설업과 설계·엔지니어링을 담당하는 건설용역업 간의 겸업을 금지했다. 건설업체는 시공만 하고, 설계·엔지니어링업체는 설계·엔지니어링 업무만 수행하라는 것이다. 겸업하지 않고 한 분야만 계속해야 전문화가 이루어진다는 논리다. 이 같은 논리의 연장선상에서 아직도 우리나라에서는 이것저것 겸업하면서 기업규모를 키우면 '문어발식 확장'이라는 비난을 받는다. '한 우물을 파는 것'이 바람직하다는 인식도 뿌리 깊다.

　시공을 담당하는 건설업도 1975년 말에는 '단종공사업'이라는 이름으로 오늘날의 '전문건설업(1981년에 명칭 변경)'이 탄생했다. 기존의 건설업은 '일반건설업'으로 하고, 일반건설업 등록업체는 하도급을 받을 수 없으며 전문건설업체만 일반건설업체로부터 하도급을 받을 수 있도록 했다.

　또한 일반건설업과 전문건설업은 겸업하지 못하도록 하여 처음부터 확실한 칸막이를 설정했다. 일반건설업과 전문건설업의 겸업이 허용된 것은 30년이 지난 2007년 4월 '건설산업기본법'이 개정되면서부터다.[1] 일반건설업은 2007년 말 '건설산업기본법'을 개정하면서 '종합건설업'으로 명칭을 바꾸었다.

108개에 달하는 건설업종 탄생

성수대교와 삼풍백화점 붕괴사건을 겪으면서 대형 시설물의 유지관리와 안전관리를 강화하기 위해 1995년 '시설물안전법'에 '시설물 유지관리업'이 도입되었다. 시설물의 유지관리를 잘하기 위해서는 별도의 전문업종이 필요하다는 것이다. 시설물 유지관리업은 1996년 제정된 '건설산업기본법'에 사실상 개·보수 공사를 수행하는 새로운 시공업종으로 편입되었다.[2]

국토교통부 소관의 '건설산업기본법'만이 아니라 '건설기술진흥법', '주택법' 등 다른 법률에도 건설업종이 있다. 뿐만 아니라 산업통상자원부, 환경부, 미래창조과학부, 국민안전처, 문화재청, 산림청 등의 소관 법률에도 건설업종이 산재해 있다. 이렇게 광범위하게 퍼져 있는 건설 관련 업종 수를 헤아려 보면 무려 108개에 달한다.[3]

산업화 초창기에는 '분업과 전문화'가 생산성을 높이는 비결이었다. 대량 생산공장을 만들고, 각자가 업무를 분담한 뒤에, 맡은 바 업무만 충실히 하다 보면 전문성이 높아지고, 그 결과 생산성 향상이 뒤따라온다는 식이다. 우리 건설산업도 '설계-시공-유지관리'를 구분하여 겸업을 금지했다. 제일 업체 수가 많고 규모도 큰 시공부문은 종합건설업과 전문건설업으로 구분하면서 오랫동안 겸업제한을 유지했다. 환경부를 비롯한 건설 관련 정부 부처들도 저마다 별도의 설계·시공 업종을 만들었다. 그 결과 지금과 같은 108개의 건설업종이 탄생하게 된 것이다.

● 건설산업 관련 정부부처별 소관 법률과 업종 및 업역

부처명	소관 법률	관련 업종 업역
국토교통부	건설산업기본법	종합건설업(5종), 전문건설업(29종)
	건설기술진흥법	건설기술용역업(19개 세부분야)
	건축사법	건축사 사무소
	시설물안전법	안전진단전문기관(5개 분야)
	주택법	주택건설업
	지하수법	지하수개발이용 시공업
산업통상자원부	전기공사업법	전기공사업
	전력기술관리법	전기설계업(3종), 전기감리업(2종)
	에너지이용 합리화법	특정열사용기자재시공업
	엔지니어링산업진흥법	엔지니어링사업자(건설 관련 13종)
환경부	환경기술 및 환경산업지원법	환경전문공사업(3종)
	물의 재이용 촉진 및 지원법	하·폐수재이용시설 시공업
	하수도법	개인하수처리시설설계·시공업
	가축분뇨의 관리 및 이용법	처리시설 설계·시공업
	자원환경보전법	자연환경보전사업 대행자
	건설폐기물의 재활용 촉진법	건설폐기물처리업
미래창조과학부	기술사법	기술사사무소
	정보통신공사업법	정보통신공사업
국민안전처	소방시설공사업법	소방시설설계업, 소방시설공사업(3종), 소방공사감리업, 방염처리업
문화재청	문화재 수리 등에 관한 법률	문화재실측설계업, 문화재 수리공사업(8종), 문화재감리업
산림청	산림자원의 조성 및 관리법	산림사업법인

주: 건설사업 관련 활동(설계, 시공, 사업관리 등) 기준 별도 등록·신고를 명시한 법령 발췌
자료: 전영준(2017), "규제개혁과 산업구조 혁신", 〈차기정부 건설·주택분야 정책 현안과 대응방향〉, 한국건설산업연구원 세미나 자료집, p.41.

칸막이식 규제가 연결과 통합을 가로막고 있다

Korea Construction & Global Syndrome

건설업종 수가 많아도 서로 연결되고 융합과 통합이 이루어진다면 문제될 게 없다. 건설업종 간 구분이 시장에서 수행하는 기능과 역할을 기준으로 통계적으로 정리하기 위해 활용한다면 별 문제가 없다. 하지만 우리는 정부 부처마다 소관 법률에 근거한 건설업종을 만들 때 세부적인 업무내용(=업역)을 규정한다. 다른 부처, 다른 법률에 의한 등록과 중복되더라도 반드시 당해 부처 소관 법률에 따라 등록하도록 강제하기도 한다. 각 부처별 개별법에서 겸업을 허용하지 않거나 등록을 강제하면서, 건설산업의 총체적인 생산성보다는 소관 부처 건설업종의 배타적 이익을 우선시하는 규제를 '칸막이식 규제'라고 부를 수 있다. 건설업종을 칸칸이 나눠놓고, 다른 칸과 연결되지 않도록 한 규제라는 의미이기도 하다.

진정한 종합건설업체의 부재

건설사업의 가치사슬은 흔히 '기획-설계·엔지니어링-시공-유지관리' 등 4단계로 구분한다. 이중 공공공사의 기획과 유지관리 업무는, 민간투자사업 등 극히 일부만 빼고, 처음부터 민간건설업체가 참여할 수 있는 영역이 아니었다. 공공기관에서 대부분을 수행했다. 건축설계는 건축사 사무소, 엔지니어링은 엔지니어링업체의 업무 영역이었다. 그러다 보니 건설업체는 지금까지 주로 시공만 했다. 이처럼 건설사업의 가치사슬이 연결되지 않고 조각조각 칸막이식 규제로 파편화되면 어떤 현상이 발생할까?

시공현장과 멀어진 설계는 시공성(constructability)이 떨어질 수밖에 없다. 유지관리 경험도 설계나 시공에 반영이 되어야 하는데 업역 간의 칸막이 때문에 반영될 길이 없다. 건설업체는 어디까지나 시공전문업체일 뿐이고, 건축사 사무소는 건축설계 전문업체이며, 건설엔지니어링업체는 토목공사의 엔지니어링 전문업체일뿐이다. 칸막이식 규제에서는 진정한 '종합건설업체(E&C Company)'가 생길 수 없다. 칸막이 내부에서의 분야별 전문성 수준도 전체 가치사슬과 연계되지 않았기 때문에 제대로 된 전문성으로 평가하기 어렵고, 건설산업의 총체적인 생산성을 높일 수도 없다.

가치사슬이 연결된 선진국 건설산업

우리 건설업체들이 벤치마킹 대상으로 삼고 있는 일본의 대형 부동산업체들은 다르다.[4] 부동산 개발부터 시작해서 운영 및 유지관리까지 가치사슬 전체에 걸쳐 종합 부동산 서비스를 제공할 수 있다. 특히 풍부한 운영경험은 시공과 분양 경험 밖에 없는 우리 건설업체들과 차별화된 경쟁력 요소다.

미국과 유럽의 종합건설업체들은 사업기획부터 유지관리까지 전체 가치사슬에 걸쳐 종합적인 서비스를 제공할 수 있다. 플랜트 공사를 보자. 선진국 건설업체들은 상대적으로 부가가치가 낮고 리스크가 많은 '상세설계(E)-구매조달(P)-시공(C)' 부문은 아웃소싱하지만, 부가가치가 높은 개념설계(conceptual design)나 기본설계(basic design) 등은 자신들이 직접 수행한다. 개념설계와 기본설계를 합쳐서 흔히 '피드(FEED: Front End Engineering Design)'라고 부르는데, 이 단계에서 플랜트 공사의 자재나 장비에 대한 사양(spec)이 대부분 정해진다.[5] 우리 플랜트 건설업체들은 그 이후의 '상세설계-구매조달-시공'을 담당하다 보니 부가가치나 수익성 증가를 실현하기 어렵다. 글로벌 종합건설업체들이 피드(FEED) 영역을 사실상 독점할 수 있었던 이유는 오랫동안 '기획-설계·엔지니어링-구매조달-시공-운영 및 유지관리'에 이르는 전체 가치사슬에서 실적과 경험을 쌓았기 때문이다. 그 실적과 경험에 기반하여 부가가치가 낮거나 리스크가 큰 영역은 외국 건설업체에게 주고, 자신들은 부가가치가 높으면서 리스크가 낮은 영역에 선택과 집중을 하고 있는 것이다. 글로벌 종합건설업체들이 개념설계와 기본설계를 제대로 하고 있는지는 운영 및 유지관리를 통해 피드백을 받는다. 우리나라의 건축이나 토목공사처럼 칸막이식 규제가 오래 지속되면 전체 건설사업의 생산성뿐만 아니라 설계·엔지니어링, 시공 및 유지관리 영역의 한칸 한칸 생산성과 경쟁력도 높이기 어렵다.

불가피한 업종별 중복 등록

'기획-설계-시공-유지관리'에만 칸막이식 규제가 있는 것은 아니다. 시공부문만 하더라도 무수한 칸막이가 있다.[6] '건설산업기본법'에 명시된 종합건설업종의 하나인 '산업·환경 설비공사업'을 보자. 이것은 '종합적인 계획·관리 및 조정에 따라 산업의 생산시설, 환경오염을 예방·제거·감축하거나 환경오염물질을 처리·재활용하기 위한 시설, 에너지 등의 생산·저장·공급시설 등을 건설하는 공사'로 업무내용을 정의하고 있다. 여기에 해당되는 공사는 '제철·석유화학공장 등 산업생산시설, 소각장·수처리설비·환경오염

방지시설·하수처리시설·폐수종말처리시설·중수도 및 하폐수처리수 재이용시설 등 환경시설공사, 발전소설비공사 등'으로 예시하고 있다. 업무내용이나 공사 예시만 보면, 환경부에서 신설한 하폐수처리수 재이용시설 등 설계·시공업, 환경전문공사업, 개인하수처리시설 설계·시공업, 가축·분뇨 처리시설 등의 설계·시공업, 대기오염방지시설업과 같은 업종은 '산업·환경 설비공사업'에 포함될 수 있다. 하지만 환경부에서 발주하는 이들 공사에 입찰하려면 각각의 업종별 등록이 불가피하다. 이처럼 개별법상의 업종 등록자에 한하여 입찰참가자격을 제한할 경우, 종합건설업만 등록한 업체는 입찰에 참가할 수 없기 때문에 입찰참가를 위해서는 중복등록을 해야 한다.

비슷한 건설공사 업무내용을 담고 있어도 등록기준, 시공관리, 하도급 규정, 벌칙이나 제재와 관련된 규제 내용은 제각각 다른 경우가 많다. 건설업체건 지자체를 비롯한 발주기관이건 업무 혼선이 있을 수밖에 없고, 경제적·행정적 비효율성도 크다.

'규제와 보호'에서 '연결과 통합'으로

4차 산업혁명은 연결혁명이면서 융합혁명이다. 기술과 기술, 기술과 산업, 산업과 산업이 연결되고 융합되면서 생산성 혁명이 이루어지는 것이 4차 산업혁명이다. 하지만 108개나 되는 건설 관련 업종은 칸막이식 규제로 인하여 연결과 통합이 이루어지지 않는다. 개발연대에 형성된 복잡다기한 건설업종들은 2000년대 들어와서 통폐합되기는커녕 더 세분화되어 왔다.

어떤 목적에서건 일단 특정 부처 소관의 특정 법률에 근거한 업종이 생기면 이익집단이 형성된다. 이익집단의 존재 이유 자체가 소속 회원사의 이익보호에 있는 만큼, 자신이 속한 업종의 회원사 이익 보호를 위해 노력하게 된다. 정부 부처는 부처대로 소관 법률에 근거한 업종에 대해 '규제와 보호'를 위한 정책과 제도를 만들어 왔다. 그러다 보니 건설업계 내부에서는 오랫동안 업종 간의 갈등이 끊이지 않는다. 4차 산업혁명이 필요로 하는 협력적 문화는 형성되지 않고 적대적 문화가 지속되고 있다.

개념설계만이 아니라 설계·엔지니어링 역량 전체가 취약하다

Korea Construction & Global Syndrome

서울대학교 공과대학 교수진들이 진단한 우리 산업의 가장 큰 문제는 '개념설계(conceptual design) 역량의 부재'였다. 개념설계란 백지상태에서 밑그림을 그려 제품이나 서비스의 개념을 처음으로 정의하고, 그 제품이나 서비스를 구현할 수 있는 최초의 설계도면을 뜻한다. 우리가 산업분야를 막론하고 개념설계 역량이 없는 원인은 다양한 실패 경험, 수많은 시행착오를 축적해 오지 못했기 때문이라고 한다. 그렇기 때문에 우리는 산업계만이 아니라 사회전체 시스템을 축적지향으로 바꾸어야 한다고 주장한다. 또한 창의적 개

념설계 역량은 돈으로 살 수 있는 것이 아니라 사람에게 체화된 역량이라고 한다.[7]

우리 건설산업도 개념설계 역량이 없다. 해외 플랜트 공사의 개념설계는 미국·유럽의 글로벌 건설업체들이 하고, 우리 건설업체들은 상세설계와 구매조달 및 시공만 수행해 왔다. 시행착오를 축적해 오지 못했던 것도 사실이다. 그런데 '분업과 전문화' 논리에 기반한 칸막이식 규제가 곳곳에 퍼져 있다 보니 우리 건설업체들은 시행착오를 할 기회조차 없었다. 건설업체는 인프라 시설의 기획이나 건축설계를 할 기회가 없었고, 운영 및 유지관리 경험도 쌓을 기회가 없었다. 그냥 시공만 해왔을 뿐이다. 개념설계 역량이 없는 게 당연하다.

개념설계 역량 부재 이유

왜 우리의 설계·엔지니어링업체는 개념설계 역량이 없을까? 처음부터 설계사는 설계만, 엔지니어링사는 엔지니어링만 하다 보니 그럴 수밖에 없다. 시공경험이 없고 현장이 없는 설계업체나 엔지니어링업체가 시공성(constructability) 있는 개념설계나 기본설계를 잘할 것으로 기대하기는 어렵다. 또한 우리나라에서는 공공발주자가 개념설계를 건설업체에게 요구해 본 적도 없다. 대부분 공공발주자들이 다 해왔기 때문이다.[8] 우리의 설계·엔지니어링업체나 건설업체는 '빠른 추격자(fast follower)'가 되기 위해 선진국의 개념설계나 기본설계를 돈으로 사고, 그 밑그림을 바탕으로 한 실시설계나 시공에 치중했다. 운영 및 유지관리 경험은 설계에도 시공에도 피드백 되지 못했다. 이처럼 우리의 건설산업이 개념설계 역량을 갖지 못했던 제도적 원인도 칸막이식 규제 탓이 가장 크다.

기본 역량 자체가 떨어지는 설계·엔지니어링

설계·엔지니어링의 취약성을 논할 때 개념설계만 갖고 이야기할 일은 아니다. 사실은 개념설계만이 아니라 설계·엔지니어링 역량 전체가 다 취약하다. 원래 건설산업의 생산성 향상이나 사업비 절감에 가장 기여할 수 있는 영역이 설계·엔지니어링이다. 건설비용이나 운영 및 유지관리비용의 대부분은 초기 설계·엔지니어링단계에서 결정된다. 또한 초기 단계의 설계와 엔지니어링은 바꾸기도 쉽고 사업비에 미칠 수 있는 영향도 크다. 시공단계에서는 바꾸기도 어렵고 사업비를 줄이기도 어렵다.[9]

이처럼 설계·엔지니어링이 중요하지만, 우리나라에서는 시공부문보다 글로벌 경쟁력이 더 떨어진다. 미국의 건설전문지〈ENR〉에서 선정한 세계 225대 엔지니어링업체의 해외 매출액 중 한국 업체가 차지하는 비중은 1.4~2.4%(2013~2016) 수준에 불과하다.[10] 2016년 기준 한국 엔지니어링산업의 매출규모는 미국의 9.4%, 일본의 30.3% 수준이다. 업체당 매출규모는 120만 달러로 OECD국가 중 21위를 기록했다. OECD국가 평균(181만 달러)의 66.2% 수준에 불과하다. 전체 엔지니어링업체의 55.0%를 차지하고 있는 건설엔지니어링업체 수는 2016년 3,361개 사에서 2017년에는 3,016개 사로 10% 넘게 줄었다. 이 같은 건설엔지니어링업체 수의 감소는 수주실적 축소와 연관된다. 국내 수주실적은 2012년 3.6조 원에서 2016년에는 3.5조 원으로 줄었다. 해외 수주실적은 2012년에 3,079억 원이었지만 2016년에는 1,562억 원으로 줄었다. 2016년 전체 수주실적 3.7조 원 가운데 국내 수주실적이 95.8%라는 통계만 보더라도 우리 건설엔지니어링산업은 글로벌 경쟁력이 없는 산업임을 알 수 있다. 또한 2016년에 수주실적 있는 업체 1,432개사 중 10억 원 미만 수주업체 수는 948개 사로 전체의 66.2%를 차지했다. 반면 500억 원 이상 수주업체는 14개 사로 단 1%에 불과했다. 이 같은 통계가 보여주듯이 건설엔지니어링업체는 대부분 영세하다.[11]

건설엔지니어링산업의 열악한 내부구조

건설엔지니어링산업의 내부구조를 들여다보면 한숨이 절로 나온다. 업계의 인력구성은 임원이 50%이고 사원·대리·과장은 합쳐서 20%에 불과하다. 역삼각형(▽) 인력구조다. 29세 이하의 젊은 엔지니어 숫자는 2006년(1만 708명) 이후 9년 연속 감소하면서 2014년에는 3,961명으로 줄었다. 신입사원 연봉이건 경력직 연봉이건 모두 건설업체보다 현저하게 낮다. 건설 관련 대학 졸업생의 취업 희망순서는 공무원, 공기업, 시공사 다음이 엔지니어링업체로 꼴찌다.[12] 이렇게 된 원인 중 하나는 설계·엔지니어링업체에 주는 용역대가가 너무 낮은 데 있다. 산업통상자원부에서 고시하는 엔지니어링 사업대가의 기준이나 국토교통부의 적정 감리대가 기준 대비 실제 지급액은 50% 수준에 불과하다.[13]

허위 경력기술자들

경력 중심의 국가기술자격제도를 운영하고 있는 우리 정부의 입찰제도에서는 고령이라 해도 기술사나 특급기술자를 확보하지 않으면 건설기술용역의 수주가 어렵다. 건설업체에서 퇴직한 뒤 엔지니어링업체에 재취업하는 고령 인력도 많다. 그러니 엔지니어링업체는 갈수록 고령화되고, 임원이 50%를 차지하는 기형적인 인력구조가 형성되는 것이다. 엔지니어링업체에 근무하는 기술자도 정부 용역 수주를 위한 'PQ용 기술자'와 '실무용 기술자'로 구분하기도 한다. '국내용' 기술자와 '해외용' 기술자가 구분되는 것도 건설업체와 다를 바 없다.

국토교통부 고시(告示)인 '설계 등 용역업자의 사업수행능력 세부평가기준'에는 공무원 우대조항이 있다. "참여기술자가 발주청·감독기관 또는 건설관련 업체의 임직원으로서 해당분야의 설계업무를 감독 또는 관리한 경우에는 이를 해당분야의 경력 및 실적으로 인정"한다고 규정하고 있다. 이 규정에 따라 공무원은 사업수행능력 평가에서 '설계업무를 감독 또는 관리'한 경력만으로도 만점 기준을 채울 수 있다. 공무원 퇴직 후에는 관련 업체에 재취업한다. 이때 퇴직 공무원들이 자신의 경력을 부풀려서 업체에 재취업하고, 업체는 허위경력 기술자를 대거 고용하여 용역을 수주한다는 업계의 공공연한 풍문은 정부조사 결과 사실로 확인되었다.

2017년 하반기에 국무조정실 정부합동 부패예방감시단은 10년간에 걸친 전국 지자체 및 9개 공기업의 건설기술자 5,275명의 경력증명서를 전수 점검했다. 지자체 퇴직자 1,070명(허위 비율 34%), 공기업 퇴직자 623명(29%) 등 총 1,693명(32%)의 경력증명서가 허위였고, 이 중 20명의 허위 경력증명서는 지자체·공기업의 직인까지 위조해서 발급받은 것이었다.[14]

총체적인 생태계 혁신 필요

설계·엔지니어링산업이 지식산업이고, 고부가가치산업이고, 4차 산업혁명을 주도해야 한다는 것은 교과서에 실려 있는 '당위론'이다. 하지만 우리 설계·엔지니어링산업은 부실하고 불량한 생태계에 갇혀 있다. 젊은 인재가 기피하는 산업이 된 지도 오래다. 오죽하면 2017년 말 '설계용역 관련 근무환경 개선' 요구가 청와대 홈페이지 국민청원 게시판에 등재되었겠는가.[15]

　설계·엔지니어링이 총공사비에서 차지하는 비중은 5~10%, 유리관리를 포함한 총사업비에서 차지하는 비중은 1~2% 내외라고 한다.[16] 하지만 그 1~2%가 품질, 성능 등에 미치는 영향은 매우 크기 때문에 나머지 98~99%의 생산성을 좌우한다. 그렇기 때문에 설계·엔지니어링이 중요한 것이다. 하지만 설계·엔지니어링산업의 발전은 단편적인 제도개선만으로는 기대하기 어렵다. 총체적인 생태계 혁신이 필요하다.

파편화된 발주제도가 운영된다

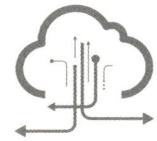

　건설사업에 문외한인 여러분이 건축주로서 건물 한 채를 짓는다고 하자. 어떻게 할 것인가? 일단은 믿을 만한 건설업체를 찾는다. 객관적인 재무제표나 과거 실적 등도 참고한다. 주변 지인을 동원해서 그 업체나 경영진에 대한 평판도 알아본다. 그런 다음 몇몇 업체에 입찰가격 제안을 요구한다. 최저 가격 입찰자를 낙찰자로 선정하거나, 그게 불안하면 적정한 가격을 제시한 입찰자를 낙찰자로 선정한다. 이런 과정을 직접하는 것이 부담스럽다면 그 일을 대신해 줄 건설사업관리(CM) 업체를 선정해서 맡긴다. 계약은 낙찰업체와 한 번만 하고, 계약이행의 책임도 그 업체에게 전적으로 넘긴다. … 아마도 이런 식의 절차를 생각할 것이다. 하지만 현실에서는 다르다.

의무화된 분리발주의 한계

건축설계업무는 건설업체가 할 수 없기 때문에 일단 건축설계를 담당할 건축사 사무소부터 선정해야 한다. 설계 따로, 시공 따로 발주와 계약업무를 진행해야 한다. 설계도면에 따라 시공업체를 선정할 때도 건설업체만 선정하면 되는 게 아니다. 1건의 건축물에 포함된 전기공사나 정보통신공사는 반드시 분리발주하도록 법령에 의무화하고 있기 때문이다.

민간공사는 대부분 수의계약을 하다 보니 전기·통신공사를 분리발주하더라도 전기·통신공사업 면허를 보유한 동일 건설업체와 계약서만 추가적으로 더 쓰면 된다. 하지만 공공공사에서는 반드시 분리발주해서 별도의 계약자를 선정해야 한다. 전기공사나 정보통신공사는 규모가 상대적으로 작다 보니 입찰참가업체도 많고, 그러다 보니 건설공사를 수행할 건설업체가 같은 공사의 전기·통신공사를 수주할 가능성은 희박하다.

따라서 1건의 건축공사를 셋으로 쪼개어 종합건설업체, 전기공사업체, 정보통신공사업체와 별개의 발주 및 입찰계약절차를 거쳐야 한다. 그런데 건설공사의 계획, 조정, 관리책임을 지는 종합건설업체는 함께 일할 전기·통신공사업체와는 별개의 회사다. 게다가 제각각 독립된 원도급자이기 때문에 동등한 입장에서 공사를 수행한다. 종합건설업체의 계획, 조정, 관리 기능은 자신의 하도급업체에 적용될 뿐이다. 한 팀으로 일해야 할 시공조직이 이렇게 파편화되는 이유는 업종이 구분되어 있고, 분리발주가 의무화되어 있어 공사발주도 1건 공사를 셋으로 쪼개서 발주하는 것이 불가피하기 때문이다.

그래도 분리발주를 원하는 이익집단들

전기·통신공사의 법적으로 의무화된 분리발주 제도는 기계설비공사업이나 소방시설공사업과 같이 하도급 시공을 수행하는 업종의 목표가 되고 있다. 분리발주가 되면 하도급자가 아니라 원도급자로서 건설업체와 대등한 관계에 서게 되고, 계약금액도 높아지고, 독자적인 시공이 가능하기 때문이다.

만약에 이 같은 주장이 관철되어 공종별 분리발주가 확대되면 어떻게 될까? 1건의 공사임에도 불구하고 발주 및 입찰계약은 여러 건으로 쪼개서 해야 한다. 결국 종합적인 계획, 조정, 관리 책임은 궁극적으로 발주자에게 귀속될 것이다. 한 번만 체결해도 될 계약을 몇 번씩이나 쪼개서 해야 하고, 별도의 발주 및 입찰계약절차를 거쳐야 하고, 공사의 책임소재도 다수의 계약자에게 분산될 것이다.

발주자, 특히 민간발주자라면 이런 발주방식은 원하지 않는다. 사실은 공공발주자도 마찬가지다. 그래서 국가계약법은 '공사의 분할계약금지'를 원칙으로 명문화해 놓고, 예외적인 경우에 한해서만 분리발주를 허용하고 있다.[17] 하지만 이익집단들은 이 같은 예외를 원칙으로 만들어 달라고 요구한다. 정치권에서도 중소기업 보호론을 내세우면서 의원입법으로 이 같은 요구를 법제화하기 위한 시도를 끊임없이 해왔다.

아직 도입되지 못한 통합프로젝트발주방식(IPD)

우리도 통합적인 공사발주나 계약방식이 전혀 없는 것은 아니다. 설계·시공 일괄입찰이나 대안입찰과 같이 단일의 계약자가 설계와 시공을 한꺼번에 수행하는 발주방식이 있다.

또한 '시공책임형 건설사업관리(CM at Risk)'라는 이름으로 LH공사 등 공기업에서 시범사업을 진행하는 것도 있다. 이 방식은 건설업체가 설계단계부터 참여하여 설계관리 등의 용역서비스를 제공한 뒤, 시공계약을 맺어서 공사를 수행하는 방식이다. 건설업체가 가치사슬의 앞단계로 업무영역을 확장한 것이다.

다만, '통합프로젝트발주방식(IPD: Integrated Project Delivery)'은

아직 우리나라에 제도적으로 도입되지 않았다. 시공과 유지관리를 묶어서 발주하는 사례도 거의 없다. 이처럼 '설계-시공-유지관리'는 제각각 파편화된 채 건설업체나 공공기관을 통해 수행된다. 시공도 공종별 분리발주가 확대되고 있다. 파편화된 공사발주제도는 칸막이식 규제의 논리적 귀결이기도 하다.

건설생산체계는 규제의 늪이다

Korea Construction & Global Syndrome

　우리 건설공사 생산체계는 공동도급과 하도급제도에 기반하고 있다. 종합건설업체 간에는 원칙적으로 하도급이 허용되지 않는다. 종합건설업체 중 대기업과 중소기업이 함께 일할 수 있는 방법은 사실상 공동도급뿐이다. 1983년에 도입된 공동도급제도는 지역 중소건설업체의 수주 기회를 확대하고, 대기업과의 협력을 통해 공사수행능력을 보완하거나 기술을 이전한다는 목적이 컸다. 1997년 정부조달시장 개방 이후 개방대상이 아닌 영역에서는 지역의무공동도급제도가 운영되고 있다. 하지만 제도의 취지와 달리 현실에서는 단지 수주만을 위한 목적으로, 혹은 지역 중소건설업체가 시공 참여를 하지 않는 사례가 많다는 비판의 목소리가 높았다. 그러다 보니 개선 대책도 공동도급 참여업체 수나 지분율 조정을 통해 실질적인 시공 참여를 도모하는 데 초점을 두었다.[18] 최근의 공동도급 제도는 지역 중소건설업체를 보호하고 육성하기는커녕 막대한 손실을 전가하는 제도로 전락했다. 공공공사 대부분에서 적정공사비가 책정되지 못했고, 그 결과 지역 중소건설업체들도 손실을 분담하는 경우가 많았기 때문이다. 영세한 지역 중소건설업체들은 단 1건의 공동도급으로 인한 손실만 떠안아도 회사의 존폐를 좌우하는 타격을 입을 수 있다. 대기업과 중소기업 간의 자발적 협력이 아닌 지역의무공동도급제도는 필요성부터 원점에서 재검토해야 한다.

하도급 의존도가 높은 건설산업

하도급은 원칙적으로 전문건설업체의 몫이다. 건설산업은 하도급 의존도가 높을 수밖에 없다. 1건의 건설공사도 그 공사를 수행하는 데 필요한 인력과 장비를 100% 갖추고 있을 수 없기 때문이다. 또한 수주산업이란 특성도 있다. 수주물량이 안정적이라면 인력과 장비도 안정적으로 보유할 수 있지만, 시기적으로나 경기의 호황과 불황에 따라서 수주물량이 들쑥날쑥 하는 상황에서 고정적인 인력과 장비를 충분히 보유하고 있을 수는 없다. 원도급자인 종합건설업체는 수주물량의 변동에 따라 일정부분은 직접 시공을 하고, 나머지는 전문건설업체에 하도급을 줄 수밖에 없다. 원가 측면에서 보더라도 이 같은 아웃소싱(outsourcing) 방식은 경쟁력을 높이는 방법이다. 종합건설업체 사업자단체인 대한건설협회의 '완성공사 원가통계'에 따르면, 2007년 이후 지금까지 종합건설업체의 하도급 금액에 해당하는 '외주비' 비중이 50% 밑으로 떨어진 적이 없다.[19]

셀 수 없이 많은 하도급 보호 법령들

원도급자와 하도급자의 관계는 우리 사회에서 흔히 '갑(甲)-을(乙) 관계'라고 부르는 수직적·종속적 관계로 전락하기 쉽다. 그렇기 때문에 어느 나라를 막론하고 사회적 약자의 처지에 있는 하도급자를 보호하기 위한 규제가 있다. 우리도 건설 하도급에 대해서는 '건설산업기본법'과 '하도급법'을 근간으로 '국가계약법', '지방계약법', '전기공사업법', '정보통신공사업법', '시설물안전법', '문화재수리법'과 각종 위임 행정규칙을 통해 규제하고 있다. 그런데 그 정도가 너무 지나쳐서 건설공사의 실무자도 전체 하도급 규제가 어느 정도인지를 잘 모르고, 발주자도 소관 법령 외에는 잘 알 수 없을 정도다.

하도급 규제는 법령이 많기도 하지만 규제의 내용도 전방위적이

● 건설 하도급 관련 규제 법령

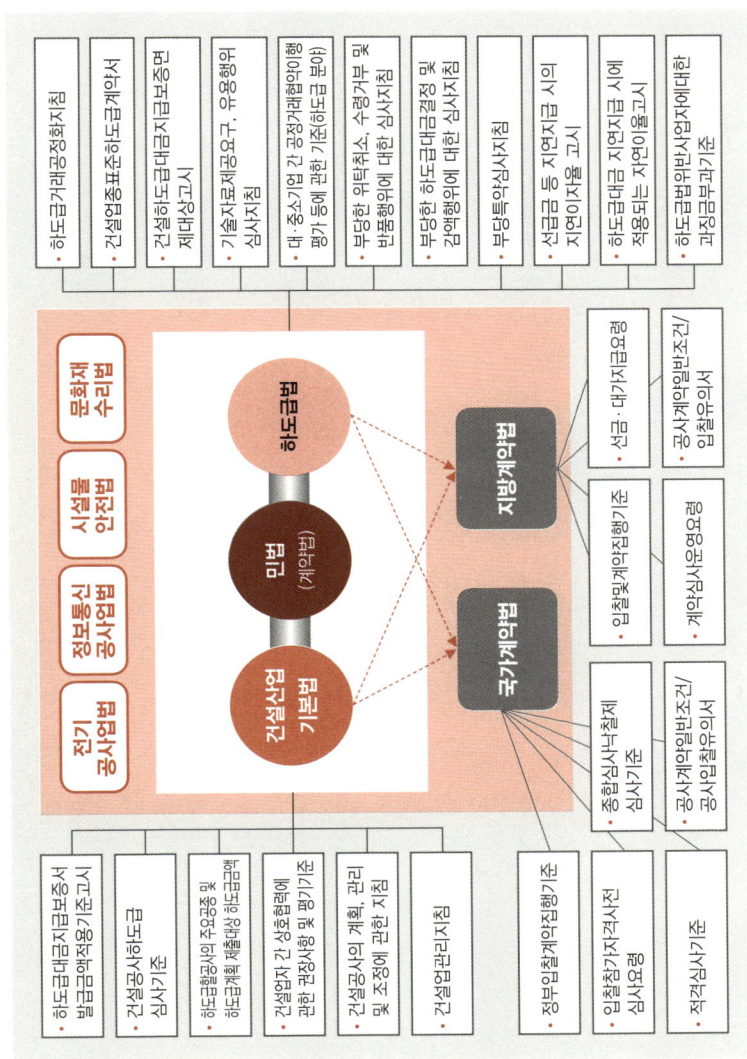

자료: 전영준(2018), "건설하도급 규제개선 방안", 〈건설 생산체계 혁신〉, 한국건설산업연구원 세미나 자료집, p.43

다. 일괄하도급 금지, 재하도급 금지, 동종업종 간 하도급 제한과 같은 하도급 행위의 제한만이 아니다. 하도급 승인 및 하도급계약의 적정성 심사 등 하도급 계약의 적정화를 위한 규제도 있다. 하도급대금 지급기한 준수, 하도급대금 지급보증서 교부 의무화, 하도급대금 직접지급과 같은 하도급 거래 공정화를 위한 규제도 많다. 도급계약 변경 시 하도급대금 조정 의무화나 불공정 하도급계약 조항의 무효화 같은 규제도 있다.

국토교통부의 건설업자 실태조사, 공정거래위원회의 하도급거래 서면 실태조사, 하도급법 위반행위 신고자에 대한 포상 등의 조사나 신고제도도 있다. 하도급자와의 연간 협력실적을 평가하여 우수 원도급자에게 인센티브를 주는 건설업자 상호평가제도가 운영되고 있으며, 공공공사 입찰 시 가점을 주고 있다.

반면 불공정 하도급 거래로 인하여 일정 벌점 이상이면 공공공사 입찰제한, 각종 제재조치(과태료, 시정명령, 영업정지 등), 상습적인 법위반자 명단 공표 및 손해액 3배 이내에서 징벌적인 손해배상책임(부당한 하도급대금 결정이나 부당한 위탁 취소, 부당 반품, 부당 감액, 부당한 기술자료 제공요구 및 보복조치 시)을 부과하기도 한다.[20]

하도급 규제가 계속 양산되는 이유

이렇게 많은 하도급 규제가 있어도 더 많은 규제가 양산되고 있다. 국토교통부의 '2018년 업무계획'에 포함된 것만 보자. 7년 내 2회 이상 재하도급 적발업체는 시장에서 퇴출하는 2진 아웃제 도입, 연내 모든 공공공사에 전자적 대금지급시스템 전면 확대, 하도급 적정성심사 기준 강화, 하도급 계약 전 정보공개제도 도입, 저가 하도급 상습업체 보증료 할증, 원-하도급 간 상호협력평가 시 평가방식 개선과 입찰 가점 확대, 대물변제 금지 등 하도급 대금 보호 강화, 원도급자의 재하도급 묵인 방조 시 하도급자와 동일한 기준으로 처벌, 대금 상습체불업체 명단 공표 강화와 건설기업 처분이력 대국민 공개 실시, 5개월간 불공정 관행 일제조사 실시 등이다.[21] 우리나라 하도급 규제를 공공과 민간으로 구분하여 외국과 비교해 보면 가히 세계 최고 수준이다.

하도급 규제가 양산된 이유는 복합적이지만 오해에 기인한 탓도 크다. 가장 큰 오해는 '원도급자=대기업=종합건설업체, 하도급자=중소기업=전문건설업체'라는 등식이다. 1976년 전문건설업이 처음 신설되었을 때에나 통하던 논리다. 그 당시에는 분명 그랬다. 하지만 지난 40여 년간 전문건설업체 중에서도 대기업으로 성장한 업체가 많다. 지금 전문건설업체의 99%는 '중소기업기본법'상 중소기업이다. 그런데 종합건설업체도 98%가 중소기업이다.[22] 1% 차이다. 하지만 98%에 달하는 중소 종합건설업체는 정책적 고려에

● 국가별 하도급 규제 비교

주요 규제	한국 공공	한국 민간	미국 공공	미국 민간	독일 공공	독일 민간	영국 공공	영국 민간	네덜란드 공공	네덜란드 민간	일본 공공	일본 민간
직접시공의무제	O	O	O	X	△	X	X	X	X	X	X	X
일괄하도급금지	O	O	O	X	O	X	△	X	△	X	O	△
동종 업종 간 하도급제한	O	O	X	X	X	X	X	X	X	X	X	X
재하도급 금지	O	O	X	X	X	X	X	X	X	X	X	X
하도급내용(발주자)통보	O	O	O	X	O	X	O	X	O	O	O	O
하도급계약 적정성 심사	O	X	△	X	X	X	X	X	X	X	X	X
하도급대금 지급기한 준수	O	O	O	O	O	△	O	O	O	O	O	O
하도급대금 지급보증 의무화	O	O	X	X	X	X	X	X	O	O	O	O
하도급대금 직접 지급	O	X	X	X	△	X	△	X	X	X	X	X
하도급대금 동일 조정	O	O	X	X	X	X	X	X	X	X	X	X
하도급대금 현금지급 의무화	O	O	X	X	X	X	X	X	X	X	X	X
하도급계약 서면계약 의무화	O	O	O	O	O	X	O	O	O	O	O	O
하도급공사 계약자료의 공개	O	X	O	X	O	X	X	X	X	X	O	O
징벌적 손해배상	O	O	O	O	X	X	O	O	X	X	X	X
정부표준 하도급계약서 활용	권고	권고	X	X	X	X	X	X	X	X	권고	권고
공사대금 지급관리 시스템	O	X	X	X	X	X	O	X	O	X	X	X

주: O 의무사항, △ 제한적의무사항, X 관련 규제 없음
자료: 전영준(2017), 〈해외의 건설 하도급 규제 현황과 시사점〉, 한국건설산업연구원.

서 제외되는 경우가 많다. 반면 대기업에 해당하는 전문건설업체도 하도급자이기 때문에 보호대상이 되기도 한다.

원도급자와 하도급자를 바라보는 시각차

원도급자인 종합건설업체가 전문건설업체에게 비정상적으로 낮은 금액에 하도급을 주면서 항상 이익을 취하고 있다는 식의 주장도 문제다. 이런 주장을 펴는 사람들은 대개 이렇게 설명한다. 발주자는 공사예정가격을 100으로 책정했다. 입찰과정을 거치면 원도급자는 공사예정가격의 70~85% 수준에서 계약을 체결한다. 그 뒤 원도급자는 10~20% 정도를 떼고 난 뒤, 전문건설업체에 하도급을 주기 때문에 하도급 금액은 당초 공사예정가격의 50~60%에 불과하다.

한걸음 더 나가, 그렇기 때문에 분리발주를 통해서 하도급자도 원도급자처럼 70~85% 수준에서 계약을 체결할 수 있게 해달라는 것이다. 이 같은 주장은 전문공종별 이익집단이나 일부 시민단체의 단골메뉴다.

정치권도 이런 주장을 받아들여 수시로 의원입법안을 남발하고 있다. 일견 타당한 듯이 보일지 모르겠지만 많은 문제점을 내포하고 있다.

첫째, 원도급자가 하도급자와 계약할 때 금액 삭감을 문제 삼는다면, 발주자가 원도급자에게 예정가격의 70~85% 수준에 저가 낙찰시키는 행위는 왜 문제시하지 않는가? 원도급자의 계약금액은 '공정한 경쟁의 결과'이고, 하도급자의 계약금액은 '원도급자가 우월적 지위를 남용한 결과'인가? 결코 그렇게 볼 수는 없다.

둘째, 만약 원도급자가 항상 하도급자에게 저가 낙찰에 따른 손실을 전가한다면, 원도급자인 종합건설업체의 수익성은 하도급자인 전문건설업체보다 더 좋아야 한다. 하지만 실상은 정반대다. 한국은행의 〈기업경영분석〉 자료에 따르면, 2012~2016년간 종합건설업체의 영업이익률이 전문건설업체보다 높았던 적은 단 한해도 없었다.[23]

셋째, 전문공종별로 분리발주가 늘어난다면 토목이나 건축공사와 일체화되어 진행되어야 할 1건의 공사가 종합적인 계획, 조정, 관리 없이 파편화된 채 진행될 것이다. 그렇게 되면 품질이나 안전문제는 더 크게 발생할 가능성이 높다. 또한 전문공종별 공사의 계약금액 상승으로 공사비는 더 늘어날 것이다.[24]

넷째, 원도급자와 하도급자의 관계를 제로섬 게임의 틀 속에서 적대적 관계로만 보고 있다. 협력을 통한 효율적인 건설생산보다는 각자가 제도적으로 수익을 보장받기 위한 투쟁에 몰두하다 보니 적대적인 사업자 간의 관계 속에서 생산성은 더 떨어질 수 있다.

다섯째, 우리나라에서는 재하도급이 원칙적으로 불법이기 때문에 하도급자 보호제도는 공식적인 1차 하도급자 보호에 그치고 있다. 그 아래 2차 하도급자 등에 대해서는 제도 자체가 눈을 감고 있다.[25]

건설생산체계에 대한 규제는 하도급 규제만 있는 것이 아니다. 공사수행과정에서 품질과 안전을 확보하기 위한 규제도 많다. 규제가 많을수록 창의적이고 유연한 생산체계의 구축은 어렵다.

더욱이 사업참여자 간의 적대적 관계는 협력을 통한 생산성 향상 기회를 앗아간다. 4차 산업혁명의 특징인 연결혁명이나 융합혁명도 기대할 수 없다.

글로벌 종합건설업체
(Global E&C Company)가
생길 수 없다

Korea Construction
& Global Syndrome

우리 '건설산업기본법'에서 규정하고 있는 '종합건설업체'는 해외에서는 주로 '일반건설업체(General Contractor)'라고 부른다. 우리도 오랫동안 '일반건설업체'라고 부르다가 2007년부터 '종합건설업체'로 불러왔다.[26] 여기서 말하는 '종합'건설업체는 엔지니어링[27]과 시공을 함께 수행할 수 있는 'EC(Engineering & Construction)업체'를 말한다. 정유공장이나 석유화학공장 같은 플랜트 건설공사를 수행하는 'EPC(Engineering-Procurement-Construction)업체'도 종합건설업체에 해당한다. EPC업체는 주로 플랜트 건설공사에서

'설계·엔지니어링-구매조달-시공'을 함께 수행할 수 있는 업체다. 다만, 플랜트 공사의 경우 구매조달(procurement)이 차지하는 비중이 크기 때문에[28] 구매조달을 좀 더 강조하는 의미라고 볼 수 있다. 아무튼 종합건설업체(E&C Company)는 '기획-설계·엔지니어링-구매조달-시공-운영 및 유지관리' 전체를 수행할 수 있는 업체로 정의할 수 있다.

종합 건설 서비스 회사, 벡텔

우리나라에 가장 잘 알려져 있는 글로벌 종합건설업체라면 미국의 벡텔(Bechtel)이 아닐까 싶다. 벡텔은 1898년 설립된 회사로 세계 최고 수준의 엔지니어링, 건설 및 프로젝트 관리회사이다.[29] 현

탁월한 설계·엔지니어링 역량을 갖춘 글로벌 종합건설업체 벡텔. 주택공사나 일반건축공사를 하지 않는데도 2016년 매출액은 329억 달러를 달성했다(사진: 벡텔 홈페이지).

재 사업영역은 인프라, 국방사업과 원자력, 석유·가스 및 화학플랜트, 광산업(mining & metals), 발전사업, 환경사업에 더하여 건설사업관리(CM/PM) 등 발주자를 위한 컨설팅 성격의 용역도 수행하고 있다. 스타트업 양성 프로그램도 운영하면서 시설물 관리와 운영 및 유지보수에 대한 지원사업도 한다. 또한 프로젝트 파이낸싱도 수행하고 있다.

하지만 우리 대형 건설업체들과는 달리 주택공사나 일반건축공사(General Building)는 전혀 하지 않는다. 그러면서도 2016년 매출액은 329억 달러를 기록했다.[30] 벡텔은 주로 인프라 및 플랜트 공사의 '기획-파이낸싱-설계·엔지니어링-구매조달-시공-운영 및 유지관리' 전반을 다 수행할 수 있는, 그야말로 '종합 건설 서비스(Total Construction Service)'를 제공하는 종합건설업체다.[31]

한국의 벡텔은 탄생 가능한가

우리 대형 건설업체들도 오랫동안 벡텔 같은 글로벌 종합건설업체를 꿈꾸어 왔다.[32] 우리 정부도 '한국의 벡텔'을 만들자는 논의를 하곤 했다. 이때 논의의 핵심은 우리 건설업체들이 시공에서 탈피하여 가치사슬의 앞단계인 설계·엔지니어링과 뒷단계인 운영 및 유지관리 영역으로 사업범위를 확장하자는 것이었다. 하지만 우리나라에서는 건설산업의 업종 및 업역에 대한 규제와 파편화된 발주제도 때문에 벡텔과 같은 글로벌 종합건설업체는 탄생할 수가 없다.

아직도 건축설계는 건축사 사무소만이 할 수 있다. 1973년에 제정된 '기술용역육성법'에서는 토목설계를 비롯한 엔지니어링도 엔지니어링업체의 업무영역이었지만, 1992년에 '엔지니어링기술진흥법'으로 전면개정되면서 건설업체의 겸업이 허용되었다. 이에 힘입어 플랜트 시장에서는 극소수 대형 건설업체들이 EPC업체로서 엔지니어링업무를 수행해 왔다.[33] 하지만 아직도 설계/시공 분리발주를 근간으로 하는 토목사업에서 엔지니어링은 대부분 엔지니어링업체의 업무영역일 뿐이다.

건설업체가 설계·엔지니어링이나 운영 및 유지관리 영역에 개입할 수 있는 발주제도도 거의 없었다. 1996년 '턴키 활성화 대책' 이후 늘어난 설계·시공 일괄입찰이나 대안입찰에서나 건설업체들이 설계·엔지니어링업체와 컨소시엄을 구성하여 입찰에 참가할 수 있었다.[34] 하지만 아직도 설계/시공 분리발주공사(Design-Bid-Build) 비중이 80%를 넘는다.

민관 합동사업(PPP)을 제외하고는, 우리 건설업체들이 인프라 운영 및 유지관리 사업에 참여할 여지도 거의 없었다. 대부분의 인프라 운영사업은 공기업의 업무영역이기 때문이다. 철도 운영사업은 코레일, 물 운영사업은 수자원공사가 담당하는 식이다. 이러니 외국의 '설계·시공·운영(Design-Build-Operate)'이나 '설계-시공-파이낸싱-운영(DBFO: Design-Build-Finance-Operate)' 같은 프로젝트에는 실적과 경험이 없기 때문에 단독으로 입찰참가할 자격도 없다. 또한 신도시 개발이나 인프라사업 기획도 민간 건설업체가 아니라 공공부문의 업무였다. 이처럼 '기획-설계·엔지니어링-운영 및 유지관리'는 처음부터 건설업체의 업무영역이 아니었기 때문에 아직도 건설업체들은 대부분 시공만 하고 있다.

국내 시공실적만으로는 해외에서 입찰참가자격조차 얻을 수 없는 경우가 많다. 예를 들면 해외철도사업은 '단일노선 30km 시공실적'을 가진 업체로 입찰참가자격을 제한하기도 하는데, 한국에서는 대개 10km 내외로 공구를 분할해서 발주하고 있기 때문이다.[35] 또한 10개 공구가 넘는 철도공사라도 1사 1공구 수주가 원칙이다. 그러다 보니 전체 철도사업은커녕 몇 개 공구를 합친 정도의 사업도 관리해 볼 기회가 없었다.

수주한 1건의 공공공사도 1개의 건설업체가 혼자서 시공하는 경우는 드물다. 웬만한 규모의 공사는 최소 2~3개 이상의 건설업체들이 공동도급을 해야 한다. 대표사의 공사 지분도 대부분 50% 미만이다. 게다가 전기·통신공사는 반드시 토목·건축공사와 분리해서 발주해야 한다.

공사용 자재 직접구매제도도 문제

우리 건설업체가 명실상부한 '종합'건설업체로 성장하는 것을 가로막는 제도가 또 있다. '공사용 자재 직접구매제도'가 바로 그것이다. 이 제도는 중소 자재업체 지원과 육성을 위해 2006년 도입되었다. 중소기업청이 지적한 자재 품목을 조달청 등 공공발주기관이 직접 구매해서 건설현장에 공급하는 제도다. 2006년 도입 당시에는 86개 품목에서 시작했다가 10년 뒤인 2016년에는 127개 품목으로 늘었다. 2009~2014년간 연평균 구매액은 약 15조 원인데, 전체 공공공사 수주금액 대비 18.5%(2009)에서 43.5%(2014)로 5년 사이에 2.4배가량 늘었다.[36]

공공발주자가 건설자재를 사서 건설현장에 공급해주는 나라는 별로 없다. 게다가 우리는 그 비중이 너무 높다. 이런 구조에서는 건설업체의 구매조달 역량을 키울 수가 없다.

우리 건설업체들에게도 시공만 하지 말고 설계·엔지니어링 역량을 갖춰라, 대형 건설사업 관리역량을 갖춰라, 자재구매 역량을 강화하고 운영사업에도 참여하라고 수십년 전부터 떠들어 왔다. 하지만 우리 건설제도와 규제는 여전히 건설업체들을 시공에만 묶어두고 있다. 이러한 제도적 틀 속에서 글로벌 종합건설업체의 탄생은 기대할 수 없다.

PART
4

한국 건설산업의
새로운 미래

건설산업의 패러다임을 바꿔라

'분업과 전문화'에서 '연결과 통합'으로

산업화 초창기에는 '분업과 전문화'가 생산성을 높이는 비결이었다. 1960년대부터 시작된 개발연대에는 건설시장의 규모가 폭발적으로 늘어났다. 반면 건설업체의 시공경험과 기술력은 부족했고, 건설사업관리 역량도 취약했으며, 경영규모는 영세했다. 중소건설업체가 절대다수였고, 대형 건설업체라고 할 만한 업체는 찾아보기 어려웠다. 이때는 '기획-설계-시공-유지관리'를 제각각 구분하여 겸업을 제한하고 전문화하는 것이 분야별 전문기업을 키우고 생산성을 높이는 방법이었다.

4차 산업혁명은 건설산업이 새롭게 맞이하게 된 환경이다. 스마트 디지털 기술이 건설상품과 프로세스 전반에 스며들고 있다. 스마트 홈, 스마트 빌딩, 스마트 팩토리, 스마트 교통, 스마트 유지관리, 스마트 시티 등의 건설상품을 만드는 프로세스는 BIM 같은 공통의 플랫폼을 활용하여 급속하게 디지털화가 이루어지고 있다. 스마트 디지털 기술을 통한 건설상품의 연결(connectivity)과 생산과정의 수직적·수평적 통합(integration)은 이미 글로벌 건설산업의 뚜렷한 변화 모습으로 자리 잡았다.

건설제도와 규제를 재편해야 할 때

4차 산업혁명은 연결혁명이면서 융합혁명이다. 단일 기술이 주도하는 혁명이 아니라 수많은 기술들이 서로서로 연결되고 융합되면서 새로운 미래가 열리고 있다. 연결과 융합은 통합의 필요성과 가능성을 함께 높여준다. 연결되어 있으니 통합의 필요성이 커지고, 융합이 이루어지면 통합의 가능성도 높아진다. 하지만 우리 건설산업은 지금껏 '분업과 전문화' 논리에 따라 108개에 달하는 건설업종이 분화되어 왔다. 당장 이들을 융합하고 통합하는 일은 쉽지 않다. 연결하고 협력하여 건설생산성을 높일 수 있도록 통합적으로 관리하는 일이 중요하다. '연결과 통합'이란 관점에서 기존의 건설제도와 규제를 재편해야 한다.

과정에서
결과 중심으로

건설현장에서 사고가 발생할 때마다 정부는 현장 방문과 원인 분석을 통해 대책을 내놓는다. 그 대책의 내용은 대체로 규제와 처벌의 강화다. 규제는 결과 중심(outcome-based)이라기보다는 처방적이고 과정 중심적이다.

세계경제포럼은 뉴질랜드의 화재 대비 건축규제를 사례로 들면서 결과 중심 규제의 도입을 권고하고 있다.[1] 화재발생 시 일정 수준 이상의 유독가스에 노출되기 전에 안전한 장소로 이동할 수 있도록 기준을 제시하되, 그와 같은 기준을 달성하는 방법은 건설업체가 선택하도록 하는 것이다.

맥킨지글로벌연구소도 결과 중심으로 규제시스템을 혁신할 것을 주문하고 있다.[2] 정부가 달성하고자 하는 성과(performance)나 기준(standard)을 사전에 먼저 제시하되, 그 결과를 달성하는 방법은 건설업체에게 맡기는 것이 효율적이다. 결과 중심 규제는 건축과 환경규제, 지역업체 보호, 보건과 안전 등의 영역에서 특히 유용하다. 유럽연합의 건설기준인 '유로코드(Eurocode)'도 성과 중심(performance based)으로 되어 있다. 호주나 싱가포르 등 건설 선진국의 규제시스템도 마찬가지다.

포지티브 시스템에서 네거티브 시스템 지향

우리나라의 규제운용 시스템은 할 수 없다고 규정된 것이 아닌 한 할 수 있는 것으로 해석하는 '네거티브 시스템(negative system)'이 아니라, 할 수 있다고 열거한 것 외에는 할 수 없는 것으로 해석하는 '포지티브 시스템(positive system)'이다. '포지티브 시스템'은 과정 중심으로 깨알 같은 규제를 부과하는 경향이 있다. 하지만 이제는 '네거티브 시스템'으로 규제운용 방식을 바꾸자는 사회적 합의가 이루어지고 있다. '네거티브 시스템'에서는 결과 중심의 규제운용이 더 적합하다.

규제만 양산하는 누더기 입법을 계속 방치할 일은 아니다. 어느 시점에서는 전체 규제의 틀을 정비할 필요가 있다. 4차 산업혁명이 진행되고 있고, 적폐 청산을 추진하고 있는 지금 시점이 각종 건설 기준과 규제를 결과 중심 내지 성과 중심으로 재정비하는 적절한 시기라고 본다. 결과 중심 규제는 새로운 건설기술과 건설자재를 수용하는 방법이기도 하다. 정부는 결과나 성과 기준의 구체화에 힘을 쏟아야 한다. 그 기준을 달성하는 방법의 구체화는 건설업체 몫이다. 이렇게 규제를 운영할 때 4차 산업혁명에 걸맞은 혁신이 이루어진다.

부문별 개선에서
생태계 혁신으로

우리는 사고가 날 때마다 대책을 양산하는 '대책문화'에 익숙하다. 화재가 발생하면 화재대책, 지진이 발생하면 지진대책, 부실사고가 발생하면 부실대책…, 이런 식이다. 수많은 대책이 양산한 방대한 규제와 처벌 조항에도 불구하고 아직까지 건설공사 품질과 안전이 완벽하게 확보되었다고 믿는 국민은 별로 없다. 건설공사의 품질과 안전에 영향을 미치는 요소는 대단히 많다. 연관된 요소들의 총체적인 변화 없이 부분적인 개선만으로는 원하는 성과를 얻기가 요원하다.

4차 산업혁명과 관련해서도 스마트 시티, 드론, 자율주행차, BIM 등과 관련한 부문별 활성화 정책은 많다. 하지만 4차 산업혁명이 영향을 미치는 범위는 매우 광범위하다. 한건 한건의 새로운 기술이 건설산업에 도입되고 정착되기 위해서는 연관된 많은 요소들의 변화가 필요하다. 또한 연관된 많은 요소들은 스마트 디지털 기술로 연결되어 있다. 그래서 4차 산업혁명은 연관된 요소들의 총체적 혁신을 의미하는 '생태계(ecosystem) 혁신'을 강조하는 것이다.

건설산업의 수직·수평적 생태계 혁신

건설산업의 생태계는 건설업체와 설계·엔지니어링업체, 자재·장비공급업체, 운영 및 유지관리업체 등과의 상호의존적인 네트워크로 볼 수 있다. 이 같은 건설산업의 생태계는 건설사업을 수직적 관점에서는 기획단계부터 운영 및 유지관리단계에 이르는 '총생애주기(whole life cycle)' 관점에서 살펴볼 것을 요구하고, 수평적 관점에서는 자재·장비 공급업체는 물론 건설 소프트웨어업체 등 연관 업종이나 업체와도 '연결과 통합'의 관점에서 살펴볼 것을 요구하고 있다. 그래야 건설생산과정의 수직적·수평적 통합을 통한 생산성 향상을 이룰 수 있다.

건강한 건설 생태계를 유지하려면 창업 생태계 구축을 통해 혁신적인 기술기반의 스타트업이 활성화되어야 한다. 페이퍼 컴퍼니를 비롯한 부실·부적격 건설업체는 퇴출되어야 한다. 담합과 같은 기득권 구조는 타파되어야 한다. 칸막이식 규제도 없어져야 한다. 발주자나 원도급자의 '갑(甲)질' 행위도 근절되어야 한다. 덤핑과 같은 불공정행위도 근절되어야 한다. '생성-성장-소멸-재생성'과 같은 생태계의 역동성[3]이 건설 생태계에서도 이루어져야 한다.

부문별 개선이 아니라 건설 생태계 혁신이 필요하다고 해서 모든 것을 한꺼번에 바꾸자고 주장하는 것은 아니다. 건설 생태계를 구성하고 있는 요소들 중에서 '시스템 충격'이 가장 크고, 파급효과가 광범위한 것부터 우선순위를 정해서 혁신할 필요가 있다.

2

정부, 스마트한 일류 발주자가 되라

'최대 고객'으로서의 역할 인식이 중요하다

건설산업과 같은 수주산업에서는 고객인 발주자가 중요하다. 발주자가 변하지 않으면 건설산업도 변하지 않는다.[1] 일류 발주자가 있어야 일등 건설산업을 만들 수 있다.[2] 발주자는 어떤 시설물을 살 것인지를 기획하고 결정한다. 공급자인 건설업체를 평가하고 계약을 체결한다. 최저 가격 입찰자와 계약을 체결할 수도 있고, 최고 가치를 제공하는 입찰자와 계약을 체결할 수도 있다.

발주자가 정한 기준에 따라 건설업체는 입찰할 수밖에 없다. 건설업체에게 발주자는 시설물의 소비자이자 고객이다. 발주자는 갑

(甲)이고, 건설업체는 을(乙)이다. 계약서에도 그렇게 표현된다. 여기까지는 공공발주자이건 민간발주자이건 동일하다. 공공발주자를 통칭하여 정부라고 하자. 정부는 민간발주자보다 건설산업에서 월등하게 중요하다.

건설산업의 최대 고객, 정부

정부는 건설산업의 최대 고객이다. 수주금액을 기준으로 한다면, 우리 정부는 연간 약 50조 원가량의 건설공사 계약을 체결하고 있다.[3] 비록 최근 들어 민간주택 경기 호황으로 전체 건설공사 수주 실적에서 차지하는 비중이 줄어들긴 했지만, 여전히 30% 수준이다. 단일 고객으로서 이보다 큰 고객은 없다.

정부는 법·제도와 규제를 통해 건설산업에 직접 개입하고 있다. 정부조달제도를 통해서 공공공사를 수주하고 수행하는 건설업체의 행위를 세세하게 규제하고 있다. 상대적으로 덜하긴 하지만, 민간부문에서 건설업체가 준수해야 할 법·제도와 규제도 많다.

정부는 건설산업의 최대 고객(발주자)이자 규제자로서 4차 산업혁명을 선도할 수 있다. 반대로 시대착오적인 법·제도와 규제를 유지하거나 신설함으로써 4차 산업혁명의 장애물이 될 수도 있다. 4차 산업혁명 기술은 우리 건설산업에도 이미 활용되고 있다. 하지만 우리 건설산업의 구조는 아직도 산업화 초창기의 '분업과 전문화' 논리에 기반한 시대착오적 법·제도와 규제의 틀 속에 갇혀 있다. 기술이 있어도 제대로 활용될 수 없는 구조다. 우리 건설산업에서 4차 산업혁명을 수용하기 위해서는 무엇보다 먼저 법·제도와 규제의 틀이 바뀌어야 한다. 그것은 기본적으로 정부의 몫이다. 정부는 최대 고객으로서의 역할을 인식하고 구매력(buying power)과 규제 권한을 스마트하게 행사해야 한다.

글로벌 벤치마킹 대상은 많다

야심차게 정부건설전략을 세운 영국

어느 나라를 막론하고 정부는 최대 고객이지만 '최고 고객(best client)'은 아니다. 하지만 건설산업의 생산성 향상이 이루어진 영국은 오래전부터 정부 스스로가 최대 고객으로서의 역할과 중요성을 자각했다. 나아가 '최고 고객'으로서 4차 산업혁명 시대의 건설산업을 이끌어 나가는 리더 역할을 수행하고 있다.

영국의 인프라 부문을 총괄하고 있는 IPA(Infrastructure and Projects Authority)가 제시한 '정부건설전략(GCS: Government Construction Strategy 2016-20)'을 보자.[4] 이 전략은 '건설 고객(construction client)으로서의 역량을 개발하고, 모범적인 고객(exemplary client)으로 행동하기 위한 정부의 계획'이라고 명시하고 있다. 정부건설전략(GCS 2016-20)의 목표도 의미심장하다. 첫 번째 목표가 '건설 고객으로서의 중앙정부 역량 개선'이다. 두 번째는 BIM을 포함한 디지털 기술의 체화와 활용 증대다. 세 번째 목표는 '협력적 정부조달기법'의 개발이다. 시공자가 설계 단계나 공급 사슬에 일찍 관여하게 하거나 건설인력의 기술역량 제고 및 공정한 대가 지급 확산 같은 내용을 포함하고 있다. 네 번째는 공공건축물과 인프라 시설물의 시공 및 유지관리에 이르는 총생애 접근법(whole-life approaches)을 활용하는 것이다.

생산성 향상 목표를 내건 싱가포르

싱가포르 정부의 건설정책도 벤치마킹 대상으로 삼을 만하다. 싱가포르의 건설 생산성은 1990년대까지만 해도 낮은 수준이었다. 하지만 2010년대 들어서 크게 향상되기 시작했다.[5] 싱가포르 정부는 건설현장 외국인 노동자의 수급조절, BIM 같은 기술 사용의 의무화 및 R&D투자, 건설인력의 교육과 훈련을 통한 역량 강화, 생산성 향상을 위한 재정적 인센티브 제공과 같은 정책을 시행했다. 가장 큰 역할을 수행하고 있는 곳은 '건축·건설청(BCA: Building and Construction Authority)'이다. BCA는 2010년에 이어 2015년에 '2차 건설 생산성 향상 로드맵'을 제시했다. 매년 2~3%씩 생산성 향상 목표를 내걸고 실천에 옮기고 있다. 건설 생산성 향상을 위하여 BCA는 현장시공을 대신한 '공장 제작 및 조립(DfMA: Design for Manufacture and Assembly)' 방식의 활용을 적극 권장해왔다. 이미 여러 건의 건축공사에 시범적으로 활용하여 공기 단축 등 상당한 성과를 거둔 것으로 평가하고 있다. 민간 건설업체가 정부의 생산성 향상 노력에 동참하도록 규제가 아니라 인센티브를 주는 것도 싱가포르 정부의 독특한 방식이다. 예컨대 BCA는 '건설 생산성 펀드(CPCF: Construction Productivity and Capability Fund)'를 조성하여 새로운 기술을 채택하고 생산성을 향상할 수 있도록 지원하고 있다.

생산성 혁신을 이룬 나라들의 공통점

벨기에나 호주와 같이 건설 생산성 향상을 이룬 나라들도 정부가 적극적인 역할을 수행한 것으로 평가되고 있다.[6] 강력한 노조와 높은 임금에도 불구하고 BIM, 빅데이터, 드론, 가상현실 등을 활용하여 노동투입을 줄였고, 새로운 발주방식의 도입과 규제개혁을 통해 생애주기 비용을 절감했다.

건설산업의 생산성 혁신을 이룬 나라들은 몇 가지 공통된 특징을 갖고 있다. 첫째, 정부가 BIM을 비롯한 4차 산업혁명 기술의 도입에 적극 나섰다. 둘째, 공장 제작 및 조립방식의 활용도를 높이고 있다. 셋째, 건설산업에 대한 규제는 결과 중심으로 전환하고 있다. 넷째, 협력적 정부조달기법을 개발하고, 총생애 접근법을 통해 최저 가격이 아니라 최고 가치 달성을 추구하고 있다. 다섯째, 건설업체에 대해서는 규제보다 인센티브 제공을 통해 정부의 정책에 순응하도록 유도하고 있다.

건설규제와 계약제도의 틀을 바꿔라

대대적 혁신이 필요한 건설규제들

건설산업의 생산성을 높이고 4차 산업혁명을 수용하고자 하는 건설 선진국 정부의 정책은 우리도 도입하고 활성화해야 한다. 우리의 특수성을 감안한다면, 건설규제와 계약제도의 큰 틀을 바꾸는 일이 무엇보다 중요하다.

우리의 건설규제는 '연결과 통합'이란 패러다임에 기초하여 대대적 혁신이 필요하다. 특히 108개나 되는 칸막이식 건설업종 규제의 철폐부터 추진했으면 한다. 그래야 미국의 카테라와 같이 건설생산과정을 수직적으로 통합한 혁신 기업이 나올 수 있다. 벡텔과 같은 글로벌 종합건설업체(E&C company)도 탄생할 수 있다.

하지만 각각의 건설 업종별로 이익집단이 공고하게 형성되어 있기 때문에 한꺼번에 칸막이식 규제를 모두 없애기는 어렵다. 단계적 접근법을 취한다면, 오랫동안 '분업과 전문화' 논리를 따라 분화되기만 했던 건설업종과 업역을 유사성을 기준으로 크게 묶으면서 숫자를 줄이는 방안부터 생각해 볼 수 있다. 종합건설업(5종)과 전문건설업(29종)을 통합하여 단일의 건설업으로 하고, 이때 세부 업종을 통폐합하여 건설업종 수를 줄이는 것이다. 이 같은 작업은 현행 '건설산업기본법'의 틀 속에서도 충분히 가능하다.

엔지니어링산업도 동일한 방식으로 접근할 수 있다. 그런 다음 전기공사업이나 정보통신공사업을 비롯한 다른 법률, 다른 부처 소관의 칸막이식 규제를 허물고자 할 때 '(가칭)건설산업통합법' 같은 것을 제정하는 방안도 가능하다.7 칸막이식 규제의 철폐 과정에서 규제운용 시스템도 바꿔야 한다. 금지된 것을 제외하고는 모두 가능한 것으로 허용하는 '네거티브 방식'으로 전환해야 한다. 건설생산방식에 대한 규제도 과정이 아니라 결과 중심으로 전환해야 한다.

혁신적인 계약제도 도입과 운용

우리나라의 칸막이식 규제는 공사발주 및 계약제도와 건설생산체계의 근간이다. 건설업종을 칸막이로 구분한 뒤 각각의 배타적 업무범위를 설정하고, 분리발주나 하도급 규제를 부과하고 있기 때문이다.

예를 들면, 종합공사는 종합건설업체에게만 발주해야 하고, 하도급은 반드시 전문건설업체에게만 하고, 종합건설업체는 하도급을 받을 수 없고 공동도급만 허용된다는 식이다. 우리나라의 정부조달제도는 오랫동안 가격 중심의 입찰제도였기 때문에 건설사업 참여자 간의 관계도 적대적이다. 가치 중심으로 전환하기 위해 종합심사 낙찰제도를 도입했지만, 비가격요소의 변별력 문제 등으로 기존 적격심사제도 틀을 벗어나지 못하고 있다.

혁신적인 계약제도의 도입과 운용으로 칸막이식 규제를 허물고 건설사업 참여자 간의 적대적 관계를 협력적 관계로 바꿀 수 있다. 2016년부터 LH공사 등에서 시범사업중인 시공책임형 건설사업관리(CM at risk)가 그 중 하나다. 건설사업의 모든 참여자가 사업 초기부터 함께 모여 협력하는 '통합프로젝트발주방식(IPD)'의 시범사업을 할 필요가 있다. 시공과 운영 및 유지관리를 묶어서 발주하는 방식도 시도해 볼 만하다.

새로운 공사발주나 계약제도는 건설 선진국 사례를 참고하여 일정 시점까지는 전면도입보다 시범발주를 거쳐 단계적으로 확대할 필요가 있다. 어떤 방식이건 간에 '연결과 통합'을 촉진하는 검증된 공사발주나 계약제도를 도입해야 한다. 그래야 우리 건설산업의 생산성을 높일 수 있고, 4차 산업혁명을 건설산업에서도 수용할 수 있다.

건설산업정책은
생산성 혁명을 추진하라

4차 산업혁명의 본질은 생산성 혁명이다. 건설산업에서도 각국 정부는 생산성 향상 목표를 수립하고, 4차 산업혁명 기술을 수단으로 채택하여 생산성을 높이고 있다. 하지만 아직도 우리는 생산성 향상을 목표로 한 건설정책을 '범정부' 차원의 '산업정책' 과제로 인식하지 못하고 있다. 4차 산업혁명도 기술(BIM, 인공지능, 로봇 등)과 개별 상품(자율주행차, 드론, 스마트 시티 등) 중심으로 생각하는 경향이 크다.

범정부 차원의 건설산업정책 수립

　무엇보다 먼저 정부는 건설산업을 '산업정책의 대상'으로 인식해야 한다. 일시적인 경기부양 수단이나 사양산업으로 생각하고 내버려 둘 일이 아니다. 특히 4차 산업혁명은 건설산업의 뒷받침 없이는 실현할 수 없다. 스마트 공장을 만드는 것도 건설산업이고, 스마트 시티를 만드는 것도 건설산업이다. 하지만 우리 건설산업은 국가경제에서 차지하는 비중이나 고용 측면에서 제일 큰 산업임에도 불구하고 생산성이 낮고 글로벌 경쟁력도 떨어지는 것이 사실이다. 이런 건설산업도 새로운 산업정책을 통해 혁신함으로써 국가경제의 성장과 국민의 삶의 질 향상에 기여하는 산업으로 탈바꿈해야 한다. 그렇기 때문에 '건설산업정책'이 필요하다.

　건설산업정책의 목표를 '생산성 혁명'에 두고, 산학연관이 참여하는 거버넌스(Governance)를 구축해서 지속성 있게 추진해야 한다. 국토교통부는 건설 노동생산성 40% 향상을 '제6차 건설기술진흥기본계획'의 목표로 제시했다. 시간당 노동생산성은 2015년 13.5달러에서 19달러로 높이겠다고 한다. 목표달성을 위한 추진과제로 스마트 건설기술(건설자동화, IoT 유지관리, 센서 최적화 등)의 활용, BIM과 빅데이터 활용, 스마트 건설관리체계 구축, 엔지니어링 역량 강화, 국제기준에 부합하는 제도 구축 및 기술인력 육성 등을 제시했다.

　방향성이나 추진과제는 모두 공감이 간다. 하지만 생산성 '개선'

이 아니라 생산성 '혁명'을 생각한다면, 이보다 더 큰 목표를 세우고 더 광범위한 계획을 수립해야 한다. 시간당 노동생산성을 40% 높여 19달러가 되었다 한들 2015년 기준 벨기에(48달러), 네덜란드(42달러), 영국(41달러), 스페인(41달러)의 절반도 안 되는 수준이기 때문이다. 또한 '건설기술'에 초점을 둔 국토교통부의 계획이란 한계가 있다 보니 추진과제의 범위가 좁다는 문제도 지적해야 할 것 같다. 건설산업에 대한 규제와 정부조달제도 전반의 개편, 설계·엔지니어링산업의 생태계 혁신, 현장 생산성 혁신, 건설인력 양성과 협력적 문화 구축 등 광범위한 추진과제를 범정부 차원에서 수립하고 실천해야 한다.

새로운 건설산업의 구조 마련

우리도 선진국과 마찬가지로 건설인력의 고령화가 심화되고, 숙련공 부족 현상에 직면해 있다. 건설 노동자의 임금은 지속적으로 상승하는 추세다. 과거 우리 건설산업의 큰 경쟁력 원천이었던 '양질의 저임금 노동자'는 더 이상 존재하지 않는다. 우리보다 먼저 이 같은 현실에 부딪힌 건설 선진국들은 노동투입을 줄이면서 생산성을 높일 수 있는 방안을 강구해 왔다.

그 방안으로서 4차 산업혁명의 핵심 기술을 도입하자는 주장은 상대적으로 큰 저항이 없다. 하지만 4차 산업혁명에 걸맞은 건설산업 구조와 문화를 구축하는 일은 아직도 오리무중이다. 산업화 초창기의 건설산업 구조가 공고하게 자리를 잡았고, 변화에 저항하는 이익집단도 많기 때문이다. 만약 현재의 건설산업 구조가 변하지 않는다면 4차 산업혁명 기술의 도입과 정착도 제대로 되지 않을 것이다. '연결과 통합'을 촉진하는 4차 산업혁명 기술은 '분업과 전문화'를 기반으로 한 낡은 건설산업 구조에 가로막혀 제대로 활용될 수가 없다. 그렇기 때문에 4차 산업혁명 기술의 도입과 병행하여 '연결과 통합'에 기반한 새로운 건설산업 구조를 만들어야 한다. 그렇게 건설산업 구조의 변화가 이루어져야 적대적 문화도 협력적 문화로 바뀔 수 있다.

생산성 혁명은 하루 아침에 이루어지지 않는다

건설산업의 생산성 혁명은 하루아침에 이루어지는 것이 아니다. 영국만 해도 1994년 레이섬 보고서에서 시작하여 20년이 넘는 세월 동안 지속적으로 일관성을 갖고 추진해 왔다. 싱가포르는 2010년부터 5년간, 2015년부터 5년간 두 차례에 걸쳐 건설 생산성 향상을 위한 로드맵을 제시해 추진하고 있다.

우리는 매 정권마다 한 번씩 일회성 행사에 그쳤던 것 같다. 김대중 정부에서는 건설교통부가 작성한 '공공건설사업 효율화 종합대책(1999)'이 있었다.[8] 노무현 정부에서는 대통령 자문기구가 만든

'건설기술·건축문화 선진화전략(2006)'이 있었다.[9] 이명박 정부에서는 국토교통부와 민간전문가들이 민관 공동위원회를 구성하여 만든 '건설산업 선진화 비전 2020(2008)'이 있었다.[10] 하지만 5년 단위 정권마다 만들어진 정책들이 경쟁력이나 생산성 향상을 목표로 일관성 있게 지속적으로 추진된 적은 없다. 박근혜 정부에서는 이렇다 할 건설정책이 아예 없었던 것 같다.

지속성을 갖기 위한 방법, 거버넌스 활용

정부 주도로 건설산업정책을 만들면 우리나라와 같은 정치환경에서는 지속성을 갖기가 어렵다. 5년마다 새로 들어서는 정권은 과거 정권과 차별화를 해야 하고, 그러다 보면 과거 정권의 정책이나 계획을 승계해서 지속적으로 발전시키기보다는 새로운 이름으로 새로운 대책을 만드는 것을 선호하게 된다.

지속성을 갖기 위한 방법 중 하나는 '거버넌스'를 활용하는 것이다.[11] 여기에는 정부 공무원뿐만 아니라 민간부문의 기업인과 전문가들이 함께 참여해야 한다. 그래야 정권교체 시 정부 공무원은 바뀌어도 민간부문의 참여자들이 있기 때문에 지속성과 일관성을 유지할 수 있다. 특히 4차 산업혁명과 관련해서는 거버넌스 활용이 더욱 필요하다. 스마트 디지털 기술의 급속한 발전이나 글로벌 건설산업의 변화는 정부 공무원보다 민간 건설업체나 전문가들이 더 빨리 체감하고, 더 잘 이해하며, 혁신의 필요성을 더 절실하게 요구할 것이기 때문이다. 또한 거버넌스를 통한 산학연관의 참여가 이루어져야 건설산업정책의 실행력도 높아질 수 있다. 건설산업정책의 대상인 건설업계가 정책수립에서 배제되면 현실성 있는 정책의 수립도 어렵고, 집행과정에서도 자발적인 참여를 기대하기 어렵다.

3

건설업체, 디지털 전환을 서둘러 추진하라

경영혁명, 우리 건설업체는 불가능한가?

The Future of Construction Industry

　건설산업정책의 벤치마킹할 만한 국가로 영국, 싱가포르, 호주 등을 꼽았다. 반면 미국은 지난 20년간 건설 노동생산성이 답보상태에 있고, 건설산업 안팎의 요인으로 '쇠퇴하는 지도자 그룹'에 속한다는 것이 맥킨지글로벌연구소의 평가다. 그렇다면 미국의 건설업체는 어떤가? 이 책에서는 미국의 1,000대 건설 스타트업에 대한 맥킨지글로벌연구소의 조사결과를 소개했다. 유니콘 건설업체도 2개나 있다. 특히 4차 산업혁명 기술을 활용한 혁신적인 스타트업 사례로 미국의 카테라를 상세하게 소개했다. 글로벌 종합건설업체 사례로는 미국의 벡텔을 꼽았다.

혁신 건설산업이 미국에 많은 이유

미국 건설시장이 기업하기 좋은 곳이어서 혁신적인 기업이 많을까? 꼭 그렇게만 보기는 어렵다. 미국도 건설산업에 대한 규제가 많기로 유명하다. 미국의 건설산업 관련 법률 수는 광업이나 농업보다 7배나 더 많다. 규제 수만 많은 것이 아니라 관료적 절차로 인한 지연, 규제로 인한 불확실성 등도 건설사업의 장애요인이다. 특히 공공공사는 어떤 시설물을 어떻게 시공할 것인지를 세세하게 규제하고 있는 악명 높은 정부계약제도로 인해 혁신적이고 생산성 높은 방식을 채택하기도 어렵다.[1] 이런 평가를 보면 미국 건설산업의 법·제도나 규제환경은 우리와도 크게 다르지 않다. 이런 환경인데도 왜 미국 건설산업에는 혁신 기업이 많은가?

기본적으로 미국 건설시장은 민간시장의 비중이 매우 크다. 2017년 건설투자액 기준으로 민간건설시장이 약 0.9조 달러, 공공건설시장은 약 0.3조 달러로 77%가 민간건설시장이다.[2] 미국의 혁신적인 건설기업은 대부분 1,000조 원에 달하는 방대한 민간건설시장을 기반으로 성장해 왔다. 민간건설시장은 상대적으로 정부 규제에서 훨씬 자유롭고 생산성을 중시하는 영역이다. 혁신적인 기술로 무장한 창의적인 기업가들이 활동하기 좋은 영역이기도 하다.

창의적 기업가정신의 경영혁명

우리 건설산업에도 최근 4~5년간 지속된 민간주택경기의 호황에 힘입어 급성장한 주택업체들이 있다. 이런 주택업체들은 불황기를 겪어봐야 진가를 알 수 있다. 그런데 급성장한 주택업체는 있지만 혁신적인 기술이나 새로운 비즈니스모델로 기하급수적인 성장을 이룬 건설업체를 찾아보기는 어렵다. '규모의 수요경제'에 기반한 플랫폼 혁명이 전 세계적으로, 다른 산업에서도 진행 중이다. 하지만 우리 건설산업에는 플랫폼 기업으로서 성공을 거두었다고 할 만한 사례를 찾아보기 어렵다. 이렇게 된 원인을 모두 법·제도나 규제 탓으로만 돌릴 수 없다.

수많은 제약조건에도 불구하고, 4차 산업혁명은 기업가정신으로 무장한 혁신적인 창업 경영자들이 주도해 왔다. 건설산업은 아니지만 애플의 스티브 잡스, 아마존의 제프 베조스, 알리바바의 마윈, 소프트뱅크의 손정의 등 헤아릴 수 없이 많은 창업 경영자들이 새로운 기술, 새로운 비즈니스모델, 새로운 상품으로 경영혁명을 주도해 왔고 기하급수적인 성장을 거듭하고 있다. 4차 산업혁명이 초래한 경영혁명은 점차 수많은 산업으로 확산되고 있다. 우리 건설산업도 여건 탓만을 할 수는 없다. 창의적인 기업가 정신으로 새로운 기술을 활용한 경영혁명에 나서야 한다.

디지털 전환을 서둘러라

　우리 건설업체들도 디지털 전환을 서둘러야 한다. 글로벌 건설산업은 빠른 속도로 '디지털 전환(digital transformation)'이 이루어지고 있다. 건설산업의 디지털 전환이란 디지털 기술을 활용하여 건설사업을 수행하는 프로세스와 비즈니스모델을 바꾸는 것이다.

　건설산업의 글로벌 디지털 전환 시장 규모는 1,500억 달러(2015)에서 4,300억 달러(2021)로 연평균 19%씩 성장할 전망이다. 영국의 경우, 건설산업의 디지털 전환으로 2만 4,000여 개의 일자리가 사라지는 대신 7만여 개의 일자리가 새로 생길 것이라고 한다.³ 건설업체들은 디지털 플레이어가 되어야 급성장하는 디지털 전환 시장에서 기회를 잡을 수 있다.

건설산업의 디지털 전환 3가지

건설산업의 디지털 전환은 크게 3가지로 구분해서 접근해 볼 수 있다.⁴

첫째, 4차 산업혁명 기술을 건설산업에 도입하고 연관된 사람과 기계 등 모든 것을 연결하는 것이다. 사물인터넷, 인공지능, 가상현실, 증강현실, 3D 프린팅 등 수많은 기술들은 이미 건설산업에서도 널리 활용되고 있다. 이와 관련하여 한국고용정보원은 국내 대표 직업 재직자 1,012명을 상대로 인공지능, 빅데이터, 클라우드, 사물인터넷, 자동화로봇, 가상현실, 3D 프린터, 드론 등 4차 산업혁명의 핵심 기술 8개를 실제 업무에 활용하고 있는지를 조사해 발표했다.⁵ 그 결과를 보면, 이들 8개 기술을 실제 업무에 활용하고 있는 재직자 비율은 평균 9.3%였다. 직종별로 본다면, 정보통신이나 전기·전자관련직에 비해서 건설관련직은 훨씬 낮은 활용도를 보였다. 8개 핵심 기술 중에서는 클라우드, 인공지능, 사물인터넷 등의 활용도가 그나마 좀 있는 편이고, 그 외 나머지 기술의 활용도는 5%도 안 되는 저조한 수준이었다. 아직 타산업보다 건설산업의 4차 산업혁명 핵심 기술의 활용도가 떨어진다는 사실을 확인할 수 있다.

둘째, 건설산업에서도 디지털 복제품(digital twin)을 고급 시뮬레이션이나 실시간 분석기법을 통해 활용하는 것이다. 제조업의 스마트 공장처럼 건설산업에서도 플랜트 공장은 3차원 설계를 통해 디지털 복제품을 만들 수 있다. 뿐만 아니라 건축물, 교량, 항공관제 타워 등과 같은 시설물의 디지털 복제품도 가상공간에서 만들 수 있다. 이 같은 디지털 복제품은 시설물의 설계, 시공, 운영은 물론 해체 시에도 활용할 수 있다.

셋째, 새로운 기술에 기반한 새로운 비즈니스모델의 도입이다. 예컨대 건설기계·장비는 공유서비스도 있고, 센서를 내장하여 실제 작업을 얼마나 했는지를 기준으로 사용료를 지불할 수도 있다. 아직은 건설기계·장비업을 비롯한 협소한 영역에서 새로운 비즈니스모델이 운용되고 있지만, 점차 다른 영역으로도 확산될 것이다. 건설로봇을 이용한 시공이나 공장 제작 및 조립방식을 활용한 건설사업도 조만간 활성화될 가능성이 높다.

시급한 한국 건설산업의 디지털 전환

우리 건설산업의 디지털 전환을 위해서는 위의 3가지에 더하여 디지털 기술에 대한 투자가 중요하다. 필요한 디지털 기술을 확보하기 위해 선진국 건설업체처럼 매출액의 일정 비율을 지속적으로 투자할 필요가 있다.

　아쉽게도 우리 건설업체들은 디지털 전환을 기술연구소 중심으로, 하나하나의 개별 기술 중심으로 논의하고 있는 것 같다. 개별 기술의 수준도 낮지만, 건설사업의 프로세스를 바꾼다거나 새로운 비즈니스모델의 제시 단계까지 도달한 사례도 별로 없다. 시설물의 디지털 복제품을 만들어서 시공이나 운영단계에서 활용하고 있는 사례도 드물다. 선진국 건설업체들이 획기적인 생산성 향상의 수단으로 활용을 확대하고 있는 공장 제작 및 조립방식도 시범적인 수준에 그치고 있다. BIM도 최근에 많은 관심을 끌고 있긴 하지만, 매우 제한적인 영역에서 활용되고 있을 뿐이다. 건설산업의 생산성 향상과 글로벌 경쟁력 제고를 위해서는 건설업체들이 디지털 전환을 서둘러야 한다.

기술보다 사람과
시스템이 중요하다

4차 산업혁명도 기술이 시동을 걸었다. 하지만 혁명적 변화의 확산과 정착은 사람과 시스템이 하는 일이다. 건설산업의 경우는 더욱 그렇다. 오늘날 건설산업에서도 널리 활용되고 있는 스마트 디지털 기술의 대부분은 건설산업 내부에서 개발된 기술이 아니다. 건설산업 외부에서 개발된 기술을 차용하여 건설프로세스와 상품에 적용하고 있는 것이다.

따라서 건설산업은 새로운 기술개발보다 개발된 기술을 활용할 사람을 육성하고, 건설업체 내부의 경영관리와 현장의 건설사업관리 시스템을 새로운 기술로 혁신하는 일이 더 중요하다.

창업 기업인 육성

4차 산업혁명은 경영혁명을 선도할 창의적인 창업 기업인의 역할이 대단히 크다. 그런데 우리 대형 건설업체 중에서 창업 기업인이 경영하는 회사는 거의 없다. 대부분 전문경영인 내지는 2세나 3세 경영인들이 맡고 있다. 이들 최고경영진의 배경도 토목·건축 현장의 엔지니어들보다는 재무관리 전문가들이 많다. 아직도 창업 기업인이 경영하고 있는 중견·중소건설업체들은 고령화의 문제가 있다. 우리 건설산업에서 경영혁명을 보기 어려운 이유는 이 같은 최고경영진의 구조적 변화와도 관련성이 높다. 또한 건설산업의 창업 생태계가 제대로 자리를 잡지 못한 것도 문제다. 스타트업이건 기존의 대형 건설업체이건, 최고 경영진에 대한 디지털 교육과 디지털 기술인력의 양성이 중요하다.

젊은 인재 유인 정책

건설기술인력과 기능인력의 육성도 중요한 과제다. 건설기술인력은 엔지니어링 역량을 갖추고 4차 산업혁명 기술을 활용할 수 있어야 한다. 건설기술인력의 질적인 수준 향상을 위해서는 대학교육부터 시작하여 기술자격제도와 자격취득 이후의 교육훈련 제도 전반에 4차 산업혁명이 초래하는 변화가 반영되어야 한다. 건설기능인력의 경우는, 기술인력과 마찬가지로, 젊은 인재를 유인하는 정책이 필요하다.

하지만 건설 선진국 사례를 보면, 그런 정책은 반쪽도 되지 않는 것 같다. 소득수준이 높은 나라일수록 건설기능인력의 부족이나 고령화 문제는 해결하기 어렵다는 사실을 인정하고 있다. 선진국일수록 젊은 인력을 건설산업으로 유인하고자 하는 정책의 실효성은 적다. 그런 정책이 성공할 만큼 건설산업을 대단한 고부가가치 산업이나 매력적인 산업으로 보지도 않는다. 그렇다고 해서 사회적 불안을 조장하는 이민자를 대거 수용할 수도 없다.

그 대안으로 찾은 것이 4차 산업혁명 기술을 활용하여 건설현장의 노동투입을 줄이면서 생산성을 높이는 길이다. 현장 시공을 축소하고 공장 제작 및 조립방식을 늘리는 방안이 각광받고 있다. 건설로봇의 활용도 갈수록 늘어날 것이다. 이렇듯 4차 산업혁명이 진전되면서 건설노동시장은 큰 변화를 겪게 될 것이다.

경영관리시스템의 변화

디지털화가 진전되면서 건설업체 내부의 경영관리시스템과 현장의 건설사업관리시스템도 서로 연결되고 통합관리되고 있다. '연결과 통합'은 이미 모든 관리시스템의 근간을 이루고 있다. 디지털 기술에 기반한 관리시스템이 제 기능을 발휘하려면, 기존의 조직 구조와 문화가 바뀌어야 한다. 그런데 디지털 기술에 기반한 관리시스템의 구축은 상대적으로 쉽지만, 조직 구조와 문화를 바꾸는 일은 어렵다. 조직 구조와 문화가 바뀌지 않으면 수많은 돈을 투자해서 만든 관리시스템이 무용지물이 되기도 한다. 4차 산업혁명에 걸맞은 관리시스템을 건설업체에 정착시키고자 한다면 종합적인 노력이 필요하다. 디지털 기술에 대한 투자 확대와 더불어 조직의 통폐합이나 신설도 병행해야 한다. 건설업체 내부의 관리직원에 대한 교육과 훈련도 이루어져야 한다. 관리시스템의 변화가 건설업체 내부에 정착될 수 있도록 변화관리(change management)에 주력해야 한다.

연결하고 통합하면서
가치사슬을 확장하라

선진국 종합건설업체들은 오래전부터 건설사업을 '기획-설계-시공-유지관리'에 이르는 가치사슬 전체를 연결하고 통합하는 비즈니스모델을 활용해 왔다. 특히 설계·엔지니어링의 중요성을 인정하고, 초기 단계의 설계·엔지니어링 역량 확보에 많은 노력을 기울였다. 일반건설업체(General Contractor)들도 시공 이전(pre-con) 단계부터 참여하여 설계관리 업무를 수행해 왔다. 설계·시공 일괄입찰(Design-Build), 민관 합동사업(PPP), 통합프로젝트발주방식(IPD)에 참여한 경험도 많다. BIM 같은 공통의 플랫폼이 있어 설계자와 시공자 및 하도급자 등의 협력이 촉진되고 있다. 시공에만 얽매이지 않고 가치사슬의 앞과 뒤로 사업영역을 확장했던 것이다.

선진건설업체를 쫓아 빠른 추격자가 되라

우리 건설업체들도 시공 중심에서 탈피하여 가치사슬을 앞뒤로 확장해야 한다. 설계·엔지니어링이나 운영 및 유지관리도 시공과 연계하여 수행할 수 있어야 한다.

공공 건설시장에서는 이러한 변화가 어려워도 민간 건설시장에서는 얼마든지 가능하다. 국내 건설시장에서는 안 되더라도 해외시장에서는 가능하다. 민간과 해외시장에서 가치사슬을 확장한 선진 건설업체 사례를 쫓아 '빠른 추격자(fast follower)'가 되어야 한다.

우리보다 앞선 나라, 우리보다 앞선 산업, 우리보다 앞선 기업을 재빨리 따라 잡기 위해서는 벤치마킹이 필요하다. 벤치마킹은 '조직의 성과향상을 위해 최상을 대표하는 조직의 제품, 서비스, 작업과정을 검토하는 지속적이고 체계적인 과정'이다.[6] 선진국의 혁신 기업 사례를 단순히 모방하는 데 그칠 것이 아니라 그보다 더 나은 성과를 얻을 수 있어야 한다.[7]

승자독식의 선도자 영역을 찾아라

새로운 영역에서는 '선도자(first mover)'가 되어야 한다. 4차 산업혁명은 '승자독식'을 초래하는 경우가 많기 때문이다. 새로운 제품과 서비스 혹은 새로운 비즈니스모델을 통해 1위를 차지한 기업은 '기하급수적 성장'이라는 4차 산업혁명의 속성으로 인해 2위 이하의 업체와 큰 격차를 보여줄 것이다.

1990년대 우리나라는 "산업화는 늦었지만 정보화는 앞서가자"는 슬로건을 내걸었다. 이후 불과 10여 년 만에 우리나라는 글로벌 정보통신 강국으로, 인터넷 기반의 3차 산업혁명을 선도한 나라가 되었다. 4차 산업혁명을 맞이한 지금은 어떤가?

2016년 1월 스위스 금융그룹인 UBS는 노동시장의 유연성, 기술수준, 교육시스템, 인프라 적합성, 법적 보호 수준 등 5가지를 기준으로 국가별 4차 산업혁명 적응도를 평가하는 보고서를 발간했다. 이 보고서에서는 스위스를 1위, 싱가포르를 2위로 평가했다. 미국은 5위, 영국은 6위, 일본은 12위, 독일은 13위였다. 한국은 25위에 불과했다.[8]

이 같은 평가를 보면, 우리나라는 4차 산업혁명에 관한 한 '선도자'도 아니고 '빠른 추격자'도 아니다. '뒤처진 추종자'에 불과하다. 우리는 2000년대 중반 이후의 스마트 디지털 기술변화를 선도하지 못했고, 새로운 기술의 도입과 정착을 위한 산업구조 개편이나 법·제도의 혁신도 이루지 못했다. 이제는 우리 건설산업과 건설업체도 '선도자'가 될 수 있는 영역을 찾아야 한다.

스타트업이건 기존 건설업체이건 간에, 4차 산업혁명 속에서 칸막이식 규제에 안주하는 건설업체는 생존과 성장을 기대하기 어렵다. 연결과 통합으로 가치사슬을 확장하면서 생산성을 높일 수 있는 건설업체가 4차 산업혁명의 승리자가 될 것이다.

| 에필로그 |

지금, 무엇이 중요한가?

"고전(古典)이란, 누구나 알지만 누구도 제대로 읽어보지 않은 책"이라고 한다. 4차 산업혁명도 그런 것 같다. 모두가 4차 산업혁명을 말한다. 하지만 정작 4차 산업혁명이 어떤 것인지는 말하는 사람들마다 제각각 다르다. 비교적 최근에 세계적 유행어가 된 지라 아직도 확실한 실체가 규명되지 않았다. 하지만 어느 정도의 합의는 형성되어 있다. 과연 4차 산업혁명의 본질은 무엇이고, 과거의 산업혁명과 어떻게 다른지를 나름대로 정리해 보았다.

4차 산업혁명의 본질은 생산성 혁명이다. 과거 세 차례에 걸친 산업혁명도 마찬가지다. 다만, 어떻게 생산성 혁명을 달성할 것인지에 관한 방법은 과거와 다르다. 스마트 디지털 혁명, 연결혁명, 융합혁명, 경영혁명, 글로벌 시스템 혁명 등 5가지 혁명적 요소가 상호작용하면서 생산성 혁명을 촉발시키고 있다. 이것이 과거와 차별화된 4차 산업혁명의 모습이다.

4차 산업혁명은 글로벌 건설산업도 근본적으로 바꾸고 있다. 우리 건설산업은 어떨까? 혁신적인 건설 스타트업을 찾아보기 어렵다. 건설산업의 디지털 전환도, 프로세스 혁신도 미약하다. BIM 같은 공통의 플랫폼은 일부에서 시범적으로 활용되고 있는 수준이다. 건설현장의 자동화는 취약하고, 공장 제작 및 조립방식에 대한 관심도 저조하다. 건설상품의 상당부분이 스마트 상품으로 바뀌고 있긴 하지만, 스마트 시티처럼 아직은 그 실체가 불분명하다. 건설계약제도는 여전히 가격 중심이고 건설문화는 적대적이다. 새로운 사업이나 비즈니스모델도 찾아보기 어렵다. 토목건설투자는 7년 연속 마이너스를 기록했다. 이처럼 수많은 문제가 오랫동안 누적되어 있기에 우리 건설산업의 노동생산성은 선진국의 3분의 1 수준에 불과하다는 평가를 받았다. 그럼에도 불구하고 생산성 향상을 위한 범정부 차원의 건설산업정책은 아직 없다.

우리 건설산업이 '갈라파고스 증후군'을 벗어나려면 글로벌 건설산업의 변화와 보조를 맞추어야 한다. 물론 우리 건설산업도 이미 4차 산업혁명의 영향을 받고 있다. 하지만 아직은 BIM, 인공지능 같은 '기술'과 자율주행차, 스마트 시티 같은 '상품' 중심으로 논의가 진행되고 있다. 기술과 상품도 중요하지만 4차 산업혁명의 기술과 상품을 수용하여 생산성 혁명을 이루기 위해서는 법·제도와 규제의 획기적인 개혁이 필요하다.

우리의 건설 관련 법·제도와 규제는 '분업과 전문화'라는 산업화 초창기의 패러다임에서 벗어나지 못했다. 아직도 칸막이식 업역에 기초한 파편화된 발주제도와 건설생산방식에 대한 과도한 규제가 건설산업 구조의 근간을 형성하고 있다. 4차 산업혁명을 우리 건설산업에 수용하고자 한다면 '연결과 통합'의 패러다임에 기초하여 산업화 초창기의 법·제도를 획기적으로 바꾸어야 한다. 건설 규제는 과정에 대한 세세한 통제가 아니라 결과 중심으로 전환해야 한다. 설계나 시공의 부문별 개선이 아니라 건설생산과정의 수직적·수평적 통합이 가능하도록 전체 가치사슬에 연관된 생태계를 혁신해야 한다.

우리 건설산업의 새로운 미래를 만드는 계기로 4차 산업혁명을 활용하자. 그러기 위해서 정부는 건설산업의 최대 고객으로서 스마트한 일류 발주자가 되어야 한다. 건설업체는 디지털 전환을 서둘러야 하며 연결과 통합으로 가치사슬을 확장해야 한다.

한때 한국은 정보통신혁명에 관한 한 '선도자'였다. 하지만 4차 산업혁명에 있어서는 '빠른 추격자'가 아니라 '뒤처진 추종자' 수준이다.

4차 산업혁명은 모든 부문에서 심각한 불균형과 승자독식을 초래할 것이다. 앞서 가는 국가와 산업은 더 앞서 가고, 뒤처진 국가와 산업은 더 뒤처질 수 있다. 4차 산업혁명의 선두에 서고자 한다면 지금, 무엇이 중요한가? 우리 건설산업에서 이 질문에 대한 답을 찾는 데 이 책이 조금이라도 기여했으면 하는 바람이다.

주

PART 1
이것은 거대한 변화!

| 1장 | 4차 산업혁명, 왜 혁명인가?

1   2000년대 들어 독일 제조업은 심각한 위기에 직면했다. 인건비 상승, 에너지비용 상승 예고, 낡은 인프라, 숙련 노동자 부족 등과 같은 문제들로 독일의 제조업은 경쟁력을 상실했다. 이 같은 상황에서 독일 제조업의 생산성 향상을 위한 국가전략으로 등장한 것이 4차 산업혁명의 시발점으로 평가받는 '인더스트리4.0'이었다.
2   클라우스 슈밥, 송경진 옮김(2016), 〈4차 산업혁명〉, 새로운 현재, p.25.
3   제러미 리프킨, 안진환 옮김(2012), 〈3차 산업혁명〉, 민음사.
4   스마트 그리드란 "기존의 전력망에 정보기술(IT)을 접목하여 전력 공급자와 소비자가 양방향으로 실시간 정보를 교환함으로써 에너지 효율을 최적화하는 차세대 지능형 전력망"을 의미한다(〈두산백과〉에서 인용).
5   5가지 핵심 요소는 ① (화석연료에서) 재생에너지로 전환, ② 건물을 재생에너지 생산이 가능한 미니발전소로 변형, ③ 건물과 인프라에 에너지 저장기술 보급, ④ 모든 대륙의 동력 그리드를 에너지 공유 인터그리드로 전환, ⑤ 교통수단을 전원 연결 및 연료전지 차량으로 교체하고, 대륙별 양방향 스마트 동력 그리드상에서 전기를 사고 팔 수 있게 한다는 것이다. 위의 책, pp.58~61.
6   김은 외(2017), 〈4차 산업혁명과 제조업의 귀환〉, 클라우드나인, pp.44~45.
7   토머스 프리드먼, 장경덕 옮김(2017), 〈늦어서 고마워〉, 21세기북스, pp.49~62.
8   클라우스 슈밥, 송경진 옮김(2016), 앞의 책, pp.12~13.
9   리처드 돕스 외, 고영태 옮김(2016), 〈미래의 속도〉, 청림출판, pp.70~72.
10 4차 산업혁명이 이전의 산업혁명과 질적으로 다른 특징은 뒤에서 상세하게 설명하고 있다.
11 위의 책, pp.27~28.

| 2장 | 4차 산업혁명의 본질은 생산성 혁명이다

1. 산업연구원(2017), 〈4차 산업혁명이 한국 제조업에 미치는 영향과 시사점〉, p.19.
2. 롤랜드버거, 김정희·조원영 옮김(2017), 앞의 책, pp.99~105.
3. 로버트 J. 고든, 이경남 옮김(2017), 〈미국의 성장은 끝났는가〉, 생각의힘.
4. 위의 책, pp.36~41 및 pp.801~849.
5. 위의 책, pp.849~854.
6. Mckinsey Global Institute(Dec. 2015), *Digital America: A tale of haves and have-mores*.
7. 롤랜드버거, 김정희·조원영 옮김(2017), 앞의 책, p.34.
8. 한국의 제조업 비중은 상대적으로 높은 30.3%에 달한다. 산업연구원(2017), 앞의 책, p.11
9. 토머스 프리드먼, 장경덕 옮김(2017), 앞의 책, pp163~165.
10. 클라우스 슈밥, 송경진 옮김(2016), 앞의 책, pp.60~64.
11. 소비자들이 어떤 재화나 서비스에 대해 지불하고자 하는 값과 실제로 그들이 지불한 값과의 차이를 뜻한다. 즉, 소비자가 높은 가격을 지불하고라도 얻고 싶은 재화를 생각보다 낮은 가격으로 구매했을 때 그것으로 얻는 복지 또는 잉여만족(surplus satisfaction)을 말한다(〈네이버 지식백과〉에서 인용).
12. 로버트 J.고든, 이경남 옮김(2017), 앞의 책, p.816.
13. 1965년 고든 무어(Gordon Moore)가 마이크로칩 용량이 매년 2배가 될 것으로 예측하며 만든 법칙으로, 1975년에는 24개월로 수정되었고, 그 이후 18개월로 재정되었다. 1990년대 말 미국의 컴퓨터 관련 기업들은 정보기술(IT)에 막대한 비용을 투자하면서 무어의 법칙에 따라 개발 로드맵을 세우기도 했다(〈두산백과〉에서 인용).
14. 토머스 프리드먼, 장경덕 옮김(2017), 앞의 책, p.74.
15. 로버트 J.고든, 이경남 옮김(2017), 앞의 책, p.831.
16. 토머스 프리드먼, 장경덕 옮김(2017), 앞의 책, p.84.
17. 김은 외(2017), 앞의 책, pp.73~78. 롤랜드버거, 김정희·조원영 옮김(2017), 앞의 책, p.44.
18. 보쉬(Bosch)의 사례는 김은 외(2017), 〈4차 산업혁명과 제조업의 귀환〉, 클라우드나인, pp113~142 참조.

| 3장 | 기존의 산업혁명과는 다르다

1   심진보 외(2017), 〈대한민국 제4차 산업혁명〉, 콘텐츠하다, pp.47~50.
2   클라우스 슈밥, 송경진 옮김(2016), 앞의 책, pp.10~11. 및 p.36.
3   리처드 돕스 외, 고영태 옮김(2016), 앞의 책, pp.67~68.
4   전자책, 뉴스 웹사이트, MP3 파일 같은 디지털 미디어들이 LP레코드, 카세트테이프, CD, DVD, 인쇄물 등을 몰아내면서 유통과 판매의 큰 변화를 가져 온 사례를 생각하면 된다.
5   상품 배송을 추적하기 위해 사용하는 RFID 태그와 같은 것을 예로 들 수 있다.
6   한국전자통신연구원(ETRI)에서는 '지능화된 디지털 시스템으로의 전환(IDX: Intelligent Digital Transformation)'을 4차 산업혁명의 기술적 원동력으로 보고 있다. 심진보 외(2017), 앞의 책, pp.67~73.
7   http://ko.wikipedia.org.
8   피터 디아만디스·스티븐 코틀러, 이시연 옮김(2016), 〈볼드〉, 비즈니스북스. p.37.
9   여기서 말하는 500억 개는 공장, 차량, 조립라인, 병원 등 모든 사물에 장착되는 다양한 센서와 기기의 숫자를 말한다. 마첵 크란츠, 김진희 옮김(2017), 〈IoT 이노베이션〉, 처음북스, p.101.
10 https://ko.wikipedia.org.
11 https://en.wikipedia.org.
12 마첵 크란츠, 김진희 옮김(2017), 〈IoT이노베이션〉, 처음북스, p.45.
13 이 같은 정의는 함유근·채승병(2012), 〈빅데이터, 경영을 바꾸다〉, 삼성경제연구소. pp.18~49까지의 내용을 종합하여 정리한 것이다. 이 책에서는 빅데이터 기술을 '데이터 획득-저장·관리-분석-활용' 전반에 걸친 기술을 모두 포괄하는 기술로 보고 있다.
14 예방적인 유지보수, 좀 더 빨리 신뢰할 수 있는 경고로 안전성 향상, 실시간에 가까운 분석으로 완벽한 데이터 활용과 계획의 효율성 제고, 운영비용 절감, 인력의 생산성 향상… 등은 사물인터넷의 성과로 거론되는 수많은 사례 중 일부다. 위의 책, pp.90~100.
15 2025년에 사물인터넷 시장의 실제 가치는 약 11조 1,000억 달러에 달할 것이라고 한다. 위의 책, pp.42~43 및 pp.101~102. 전 세계 사물인터넷 시장 지출 규모가 2015년 6,926억 달러에서 2020년에는 1조 4,600억 달러로 증가할 것이라는 전망도 있다. 연간 성장률(CAGR)은 16.1%나 된다.
16 이상문·데이비드 L.올슨, 임성배 옮김(2011), 〈컨버저노믹스〉, 위즈덤하우스, p.20.

17 2006년 미국 국가과학재단(NSF)의 헬렌 질(Helen Gill)이 만들었다고 한다. 우리나라에서는 CPS를 '사이버 물리 시스템'이라고 번역한 사례가 많다. Cyber는 한글로 '사이버'라고 쓰고, Physical은 '물리'라고 번역한 뒤에다 '시스템'이란 단어를 합쳐 '사이버 물리 시스템'이라고 하면 무슨 의미인지 선뜻 다가오지 않을 것이다. 우리는 흔히 'Cyber Space'를 '가상공간'으로 번역한다. Physical은 현실세계에서 우리가 만지고 느낄 수 있는 사물을 의미한다. 그렇기 때문에 CPS는 '가상과 현실의 융합시스템'이라고 번역하는 것이 더 적절하다. CPS는 가상공간의 영역에 속하는 컴퓨터, 통신, 제어를 실제 현실세계와 연결하여 데이터를 주고받으면서 운영되는 시스템이다.
18 디지털 복제품(Digital Twins)은 "개별 장비, 생산라인 및 프로세스를 시각화(visualization)하여 가상공간에서 실제와 똑같은 환경변수를 집어넣고 시뮬레이션 해봄으로써 최적의 공장운영 모델을 만드는 것"을 의미한다. 이방실(June 2017 Issue 2), 'Smart Factory', 〈DBR〉, 동아일보사, p.60.
19 박한구 외(2017), 앞의 책, pp.119~123.
20 김은 외(2017), 앞의 책, PP.234~245.
21 이방실(June 2017 Issue 2), 'Smart Factory', 〈DBR〉, 동아일보사, p.87.
22 https://en.wikipedia.org.
23 김덕현 외(2011), 앞의 책, pp.35~37 및 pp.173~198.
24 이상문·데이비드 L.올슨, 임성배 옮김(2011), 앞의 책, pp.97~100 및 pp.143~155.
25 위의 책, p.34.
26 〈NAVER지식백과〉에서 인용.
27 우버(Uber)나 에어비앤비(Airbnb) 진출에 대한 기존 택시업계나 숙박업계의 반발 등이 전 세계 여러 나라에서 일어났다.
28 마셜 W. 밴 앨스타인, 상지트 폴 초더리, 제츠리 G. 파커, 이현경 옮김(2017), 〈플랫폼 레볼루션〉, 부키, p.121.
29 이하 네트워크 효과와 뒤에서 설명하고 있는 '규모의 수요경제' 등에 관한 설명은 위의 책, pp. 57~59 참조.
30 김은 외(2017), 앞의 책, pp.64~65.
31 다만, 이때의 통합은 산업화시대와 달리 '느슨한 통합(loosly coupled)'을 의미한다.
32 〈DBR(Feb.2017)〉, pp.64~70.
33 마첵 크란츠, 김진희 옮김(2017), 〈IoT이노베이션〉, 처음북스, pp.111~119.
34 위의 책, p.53.
35 반면 한국의 경우는 되돌아 온 기업이 2013년 37개, 2014년 16개, 2015년과 2016년에는 각각 9개였고, 2017년 1~8월까지 국내로 돌아온 기업은 2곳에 불과했다. 미

국, 일본 및 독일의 리쇼어링 관련 자료는 서울신문(2018년 1월 3일자)에서 인용.
36 장윤종·정은미 외(2017.9), 〈4차 산업혁명의 글로벌 동향과 한국산업의 대응전략〉, 산업연구원, p.23.
37 Berger S.(2013), *Making in America: from innovation to market. Cambridge, MA: MIT Press.*
38 The Executive Office of the President, The White House(June 2014), *MAKING IN AMERICA: Manufacturing Entrepreneurship and Innovation.*
39 이정동(2017), 〈축적의 길〉, 지식노마드, pp.113~136.
40 중상주의는 15~18세기 유럽에서 중앙집권적 절대군주국가 체제가 성립되면서 근대적인 산업체제를 확립하기 위해 채택한 국가주도의 경제개입정책이다.
41 장윤종·정은미 외(2017.9), 앞의 책, pp.53~65.
42 4차 산업혁명 시대의 정부역할에 대해서는 클라우스 슈밥, 송경진 옮김(2016), 앞의 책, pp.112~120 참조.

| 4장 | 4차 산업혁명이 가져올 위험

1 에릭 브리욜프슨·앤드루 맥아피, 〈제2의 기계시대〉. 클라우스 슈밥 외, 김진희 외 옮김(2016), 〈4차 산업혁명의 충격〉, 흐름출판, pp.150~152.
2 클라우스 슈밥, 송경진 옮김(2016), 앞의 책, p.71.
3 WEF(Jan. 2016), *The Future of Jobs: Employment, Skills and Workforce for the Fourth Industrial Revolution.*
4 Frey, Carl Benedikt and Micael A. Osborne(2013), *The Future of Employment: How Susceptible Are Jobs To Computerisation?*
5 클라우스 슈밥, 송경진 옮김(2016), 앞의 책, pp.65~70.
6 타일러 코웬은 앞으로의 노동시장은 능력주의를 기반으로 양극화될 것이며, 상대적으로 적은 수의 지식엘리트에게 더 큰 보상을 하게 될 것이라고 한다. 실제로 미국에서 소득상승이 가장 높은 부류는 전체 인구에서 차지하는 비중이 3%에 불과하다. 타일러 코웬, 신승미 옮김(2017), 〈4차 산업혁명, 강력한 인간의 시대〉, 마일스톤, p.60.
7 리처드 돕스 외, 고영태 옮김(2016), 앞의 책, pp. 54~58.
8 이 암호화폐들의 자산가치는 미국의 암호화폐 전문사이트 코인마켓갭(CoinMarketGap)이 2018년 1월 1일 기준으로 산정한 것이다. 아이뉴스24 2018년 1월 4일자(https://www.inews24.com).

9 캐시 오닐, 김정혜 옮김(2017), 〈대량살상 수학무기〉, 흐름출판.
10 〈이코노믹리뷰〉, 2017년 7월 17일자.
11 클라우스 슈밥, 송경진 옮김(2016), 앞의 책, pp.156~168.

PART 2
한발 앞선 글로벌 건설산업

| 1장 | 글로벌 건설산업, 혁신이 필요하다

1 WEF(2016), *Shaping the Future of Construction: A Breakthrough in Mindset and Technology*, pp.14~16. (http://www.weforum.org).
2 여기서 말하는 생산성은 건설산업의 노동생산성(construction labor productivity)을 의미한다. MGI(Feb.2017), *Reinventing Construction: A Route to Higher Productivity*, pp.35~57. (http://www.mckinsey.com).
3 MGI(Feb.2017), *op.cit.*, pp.15~16.
4 MGI(Feb.2017), *op.cit.*, pp.61~110.
5 엄밀하게 말한다면, MGI가 제안한 방법을 각국에서 실제로 적용했다기보다는 이미 발생한 각국의 혁신 사례를 보고 그 내용을 MGI가 재창조 방안으로 제안한 것이다.
6 이 중 건설 및 엔지니어링 기업의 고위임원은 397명이었다. 프라이스워터하우스쿠퍼스는 4차 산업혁명을 디지털화와 가치사슬의 수직적, 수평적 통합, 제공하는 상품과 서비스의 디지털화 및 새로운 디지털 비즈니스 모델과 플랫폼에 대한 소비자 접근에 의해 주도되는 것으로 정의하고 있다. PwC (July 27, 2016), *Industry 4.0: Building the digital enterprise* (http://www.pwc.com).

| 2장 | 글로벌 건설산업, 이렇게 바뀌고 있다

1 Mckinsey & Co.(July 2017), *The new age of engineering and construction technology*.
2 CB인사이트는 기술기반의 건설 창업기업을 설계자, 디벨로퍼, 시공자 등과 같은 건설시장의 참여자들이 활용하는 소프트웨어나 플랫폼 관련 기업들로 정의하고 있다. CBinsights(2017.7.11.) *Building Blocks: 100+ Startups Transforming the*

Construction Industry (http://www.cbinsights.com).

3 프로코어와 관련된 자료는 Wikipedia, 블룸버그 및 프로코어의 홈페이지(https://www.procore.com)에서 발췌했다.
4 유튜브(YouTube)에 있는 카테라의 비즈니스모델을 소개한 동영상 제목은 "혁신적인 SAP 솔루션으로 건설산업을 근본적으로 바꾼다(Fundamentally Changing the Construction Industry with SAP Solution)"이다.
5 *Financial Times* 2018년 1월 25일자.
6 유튜브에 있는 동영상(*Katerra: Fundamentally Changing the Construction Industry with SAP Solution*)을 참고하라(https://www.youtube.com).
7 카테라와 관련된 자료는 블룸버그 및 카테라 홈페이지(https://katerra.com)에서 발췌했다.
8 Roland Berger(June 2016), *THINK ACT: Digitization in the construction industry*, pp.4~7.
9 *Ibid.*, pp.8~13.
10 Mckinsey & co.(June 2016), *Imagining construction's digital future*.
11 건설프로세스와 운영과정에서 디지털 기술의 활용에 대한 기술은 WEF(May 2016), *op.cit.*, pp.23~24.에서 사례와 함께 상세하게 설명하고 있다.
12 아래 사항은 BCG(2017), *How concessionaires can unlock opportunities with smart infrastructure*(https://www.bcg.com) 내용을 정리한 것이다.
13 Roland Berger(Sep. 2017), *Turning point for the construction industry*, pp.5~9.
14 *Productivity Benefits of BIM*(www.mbie.govt.nz).
15 Roland Berger(Sep. 2017), *op.cit.*, p.9.
16 *Ibid.*, p.8.
17 MGI(Feb. 2017), *op.cit.*, pp.101~102.
18 〈조선비즈〉 2017년 6월 18일자.
19 https://www.fbr.com.au.
20 시미즈건설 보도자료(2017.7.12).
21 매일경제신문 2018년 1월 18일자.
22 공장 제작 및 조립 방식은 offsite construction, prefabrication, modular construction 등으로 불리고 있는데, 이들 중 가장 많이 사용되는 단어는 prefabrication인 것 같다.
23 Kim Slowey(May 2017), *A Push for Prefab: Why offsite construction methods are moving to the mainstream*.(https://www.constructiondive.com)
24 CPA(Oct. 2016), *The Future for Construction Product Manufacturing:*

Digitalization, Industry4.0 and Circular Econmoy.

25 FMI(2017), *Prefabrication: The Changing face of engineering and construction.* 2017 FMI/BIMForum Prefabrication Survey.
26 Deloitte(Nov. 2015), *Smart Cities: How rapid advances in technology are reshaping our economy and society.*
27 UN Economic and Social Council(May. 2016), *Smart cities and infrastructure* 및 UN Commission on Science and Technology for Development(Jan. 2016), *Issue Paper on Smart Cities and Infrastructure* 참조.
28 매일경제신문. 2018년 1월 11일자.
29 우리나라에서는 일반적으로 PPP를 민간투자사업으로 번역하고 있지만, 정부와 기업이 파트너십을 갖고 공동으로 사업을 추진한다는 점에서 민관 합동사업으로 번역하는 것이 더 적절하다고 본다.
30 영국의 건설산업 혁신과정에 대해서는 김한수, 한미파슨스(2003), 영국 건설산업의 혁신전략과 성공사례, 보성각 참조.
31 이 발주방식은 영국에서 말하는 건설업체의 시공 이전 단계 참여방식(ECI)과 유사하다. 시공 이전(pre-construction) 단계에서 건설업체가 설계관리 등 건설사업관리(CM: Construction Management) 업무를 수행한 뒤에 일반건설업체(General Contractor)로서 시공을 담당하는 방식이다 보니 미국에서는 CM/GC방식으로 주정부의 계약법령에 규정된 사례가 많다. 우리나라에서는 오랫동안 CM업무를 수행한 업체가 (시공 리스크를 떠안고) 시공도 한다는 의미에서 CM at risk 방식으로 불러왔다. 최근 들어 대형 건설업체들은 이 방식을 CM의 업역이 아니라 건설업체의 업역으로 인식하고, 시공 이전 단계에 건설업체가 설계관리 등의 서비스를 제공하고 시공을 수행한다는 의미에서 프리콘(pre-con) 방식으로 부르는 경우가 많다. 우리 정부도 건설산업 혁신 차원에서 이 방식의 도입을 위한 시범사업을 2016년부터 LH공사 등 일부 공기업에 도입했다.
32 조선일보, 위클리비즈, 2017년 12월 16일자.
33 Deloitte(2017), *M&A trends and drivers.* 2017 Engineering and Construction Conference.
34 FMI(2017), *FMI's 2017 M&A trends for engineering and construction.*
35 PwC(2017), *Global engineering and construction M&A deals insights Q3 2017.*
36 Deloitte(2017), *European Construction Monitor 2016~2017: Growing opportunities in local markets.*
37 Euroconstruct(June 2017), *83rd Euroconstruct Summary Report*, p.10.

38　Deloitte(2017), *M&A trends and drivers*. 2017 Engineering and Construction Conference.
39　MGI(Dec. 2017), *Jobs lost, jobs gained: Workforce transitions in a time of automation*.
40　MGI(June 2016), *Bridging Global Infrastructure Gaps*.
41　MGI(Oct. 2017), *Bridging Global Infrastructure Gaps: Has the world made progress?*
42　MGI(Jan. 2017), *op.cit.*, p.7.
43　MGI(Dec. 2017), *op.cit.*, p.8.

| 3장 | 4차 산업혁명, 신 건설산업정책이 필요하다

1　MGI(Feb. 2017), *op.cit.*, pp.26~27.
2　아래에서 설명하는 벨기에, 영국, 호주, 싱가포르 사례는 대부분 MGI(Feb. 2017), *Ibid.*, p.33, p.112, p.113, p.150에서 발췌했다.
3　HM Government(July 2013), *Construction 2025*.
4　IPA(March 2016), *Government Construction Strategy 2016~20*.
5　김은하(2017), "i-Construction의 추진", 〈KACEM(2017 07/08)〉, 한국건설기술관리협회, pp.48~53.
6　BCG(Feb. 2017), *Shaping the Future of Construction: Inspiring innovators redefine the industry* (https://www.bcg.com), pp.19~22.
7　MGI(Feb. 2017), *op.cit.*, pp.66~72.
8　MGI(Feb. 2017), *op.cit.*, pp.73~77.

PART 3
틀에 갇혀 있는 한국 건설산업

| 1장 | '갈라파고스 증후군'을 앓고 있는 한국 건설산업

1　일본 건설산업의 구조에 대해서는 일본 건설산업구조연구회·한미파슨스(2007), 〈일본 건설산업의 생존전략〉, 보문당 참조.

2　경제개발 5개년계획은 1982년에 '경제사회발전계획'으로 이름이 바뀐 뒤 1996년까지 지속되었다. 한국의 개발연대는 정부 주도의 경제개발이 이루어지던 시기를 말하며, 대체로 박정희~전두환 정부가 집권하고 있던 1960년대 초반부터 1980년대 말까지를 지칭하는 것으로 볼 수 있다.

3　건설산업 관련 주요 법령의 변천과정은 대한건설협회·한국건설산업연구원(2017), 〈한국건설통사Ⅵ〉 참조.

4　이상호(2003), "'보호와 규제' 위주에서 '경쟁' 패러다임으로", 〈한국의 건설산업, 그 미래를 건설하자〉, 삼성경제연구소, pp.239~272.

5　경제기획원(1994), 〈자율개방시대의 경제정책〉, 미래사, pp.215~249.

6　대한건설협회(1994), 〈시장개방과 건설산업〉, pp.9~26.

7　1997년 정부조달시장 개방 이후 일반건설업 등록을 한 외국 건설업체는 일본 3개, 미국 6개, 중국 2개, 싱가포르/프랑스/홍콩 각 1개 등 총 14개 업체가 있었지만 그 중 6개 업체가 등록을 말소하거나 반납하여 2006년 5월에는 8개 업체만 등록되어 있었다. 정부조달시장이 개방된 1997년 이후 외국 건설업체의 한국 공공공사 수주사례는 1건도 없었다. 건설부문에서 거의 유일하게 미국 건설업체가 진출한 영역은 건설사업관리(CM: Construction Management) 영역이다. 한국의 경부고속철도 및 인천신공항 건설사업관리 업무를 미국의 Bechtel 및 Parsons가 수행했다. 이상호(2006), 〈한미FTA 정부조달 협상전략 연구〉, 외교통상부·한국건설산업연구원, pp.73~74. 현재 대한건설협회에 등록된 외국 건설업체 수는 중국 1개, 일본 3개 등 4개 사에 불과하다(2018년 2월 24일 기준. http://www.cak.or.kr).

8　이상호, 한미파슨스(2006), 〈코리안 스탠더드에서 글로벌 스탠더드로〉, 보문당.

9　이상호, 한미파슨스(2003), 〈한국건설산업 대해부〉, 보성각. pp.141~146.

10　전영준(2017.3), "규제개혁과 산업구조 혁신", 〈차기정부 건설주택분야 정책현안과 대응방향〉 한국건설산업연구원 세미나 자료집.

11　'행정규제기본법'에서는 규제의 신설을 억제하기 위해 규제영향분석 등의 장치를 두고 있다. 하지만 3권분립 원칙상 "국회, 법원, 헌법재판소, 선거관리위원회 및 감사원이 하는 사무"는 이 법의 적용에서 제외하고 있다(행정규제기본법 제3조). 그러다 보니 국회를 통한 입법발의와 규제 신설이 폭증하고 있다. 이익집단만이 아니라 정부도 규제영향분석 회피나 입법에 소요되는 기간 단축 등을 위해 국회 소관 상임위원회 의원을 통한 이른바 '청부입법'을 하고 있다는 비판도 많다.

12　정보통신정책연구원(2017.12), "[4차 산업혁명 기획시리즈] 4차 산업혁명과 규제개혁", 〈KISDI Premium Report(17~13)〉.

13　국토교통부 보도참고자료(2018.01.24.), 〈자율주행차, 실험도시 완공되고 평창·인천

공항 달린다〉.

14 머니투데이, 2018년 2월 12일자.
15 '규제 샌드박스'란 특정 지역에서 일정 기간 동안 규제를 면제 내지 유예시켜 신기술의 다양한 시도와 실험을 가능하게 만들겠다는 제도다. 새로 조성할 스마트시티 국가 시범도시에서 드론, 자율주행차 등 각종 신기술과 관련한 규제를 완화하는 것이다. 정부는 2018년 국가 시범도시 1곳을 지정하고, 도시재생 뉴딜사업지에도 스마트시티 기술들을 접목할 계획이다.
16 MGI(Feb. 2017), *op.cit*., pp.73~77.
17 종합건설업체의 건설 생산성이 최근 몇 년간 좋았던 이유는 국내 주택경기의 호황에 힘입은 것이다. 하지만 건설현장에서 하도급 시공을 담당하고 있는 전문건설업체의 노동생산성 증가율이 0.01%에 불과했다는 사실은 실제 건설현장의 생산성 증가가 거의 없었다는 의미다. 나경연(2018.2), "건설업 영업범위의 선진화 방안", 〈건설 생산체계 혁신〉, 한국건설산업연구원 세미나 자료집.
18 국토교통부(2017.12), 〈제6차 건설기술진흥기본계획(2018~2022)〉.
19 이상호(2000), 〈최저가 낙찰제 도입 및 정착방안 연구〉, 한국건설산업연구원.
20 윤영선 외(1998), "공공공사 입찰 담합의 실태와 원인 분석", 〈공공공사 입찰담합에 관한 연구〉, 한국건설산업연구원.
21 김영덕(2016.11), 〈최근 입찰담합 제재 강화의 문제점 및 입찰담합 근절을 위한 정책방향〉, 한국건설산업연구원.
22 대한건설협회(2017.5), 〈건설공사비 정상화 방안〉.
23 '최고 가치(Best Value)' 낙찰방식은 발주자의 이익을 극대화하거나 비용을 최소화하여 '투자효율성(Value for Money)'을 높일 수 있는 입찰자를 낙찰자로 선정하는 방식이다. 입찰가격만이 아니라 기술력 등을 종합적으로 평가하여 발주자에게 가장 큰 가치를 제공하는 입찰자를 낙찰자로 선정한다. 이 방식은 최저 가격 입찰자를 낙찰자로 선정하는 최저가 낙찰제의 대척점에 있다. 영국을 비롯한 건설 선진국에서는 2000년대에 들어서면서 최저가 낙찰제 대신 최고가치 낙찰방식의 활용도가 갈수록 높아지고 있다. 상세한 내용은 이상호·이승우(2006.01), 〈최고가치 낙찰제도 도입을 위한 기초연구〉, 한국건설산업연구원 및 이상호·이승우(2006.10), 〈최고가치낙찰제도 도입방안 연구〉, 한국건설산업연구원 등 참조.
24 반면 제조업의 청년층 취업자 비중은 건설업의 3배에 가까운 14% 수준이다(통계청 국가통계포털 참조).
25 당연한 이야기일 수도 있겠지만, 한국고용정보원에서 1,021명을 대상으로 4차 산업혁명의 핵심 기술(인공지능, 빅데이터, 클라우드 등) 활용도를 조사한 결과 '30대 이

하 남성·정규직·대졸 이상'은 활용도가 높았고, '40대 이상 여성·비정규직·고졸 이하'는 낮았다. 한국고용정보원 보도자료(2018년 2월 1일자). 〈직업인 10명 중 1명 "업무에 4차 산업혁명 핵심 기술 활용"〉.
26 윤영선 외(2012.11), 〈문화지체에 빠진 건설산업〉, 한국건설산업연구원.

| 2장 | 혁신적인 건설 스타트업이 없다

1 최민수·나경연(2018), 〈건설업 등록기준의 개선방안〉, 한국건설산업연구원, pp.93~94.
2 위의 보고서, p.6.
3 '토목건축공사업'의 등록기준을 유지하기 위해서는 연간 매출액 100억 원 이상이 필요하다고 한다. 건설산업은 수주한 뒤에 준공될 때까지 장기간에 걸쳐서 매출이 발생하기 때문에 수주와 매출 간에는 시차가 발생한다. 따라서 매출액이 100억 원 이상이 되려면 수주액은 해마다 그 두배인 200억 원 이상이 되어야 한다는 것이 중소건설업체 대표의 설명이다. 건설 스타트업이 창업 첫해부터 이 같은 실적을 달성하는 것은 대부분 불가능하다.
4 '건설산업기본법'은 연면적 660㎡ 이상의 건축물의 경우 반드시 등록된 건설업체를 통해 건축하도록 규정하고 있다. 하지만 2017년에도 전국 430여 명의 건축주들에게 건설업 등록증을 불법대여하고 15억 원 상당의 부당이득을 챙긴 사례가 적발되었다(2017년 3월 29일자 KBS뉴스 등). 대한건설협회 경기도회가 자체 조사를 통해 경찰에 신고한 무자격 업체 공사현장은 경기도에서만 2015년 1,354곳, 2016년 932곳이었다. 대한건설협회는 불법적인 건설업 등록대여가 이루어지는 공사규모를 연간 2~3조 원(매출 기준)에 달하는 것으로 추정했다. 경기일보 2018년 2월 22일자.
5 OECD(2015), *The 2013 update of the OECD product market regulation indicators: policy insight and non OECD countries*. OECD Economics Department Working Papers, No. 1200.
6 나경연(2018), "건설업 영업범위 선진화 방안", 〈건설 생산체계 혁신〉, 한국건설산업연구원 세미나 자료집.
7 이 같은 주장은 기득권자의 저항이라는 시각도 많다. 일정 규모 이상인 건설업체들이 새로운 기업의 시장진입을 가로막기 위해 진입장벽을 높여달라는 주장이라는 것이다.
8 한국건설산업연구원(2017), 〈차기정부의 건설 및 주택 정책과제〉, p.141.
9 '전기공사업법', '정보통신공사업법', '소방시설공사업법' 등이다. 이들 법률에 따른 공

사는 '건설'공사가 아니고 각각 전기공사, 정보통신공사, 소방시설공사라고 한다. '건설산업기본법'의 적용을 받는 공사만 건설공사라는 것이다.

10 최민수·나경연(2016), 〈시공관련 건설업종의 일원화 및 통합관리방안〉, 한국건설산업연구원.

11 현행 '건축사법' 제23조 4항은 "건축사 사무소의 명칭에는 "건축사 사무소"라는 용어를 사용하여야 한다"고 규정하고 있다. 시행령, 시행규칙도 아니고 법률에서 건축사 사무소 명칭 사용을 강제하고 있는 것이다. 실제로 건설시장에는 법적 요건의 충족을 위해 정식 회사 명칭 끝에 '건축사 사무소'라는 꼬리를 달아서 등록했지만, 대외적으로는 물론 내부에서조차 '건축사 사무소'라는 명칭을 쓰지 않는 회사도 있다.
'건축사법 시행령' 제23조에서는 "법인이 건축사 사무소 개설신고를 하려는 경우에는 그 대표자가 건축사여야 한다. 다만, 건축사가 아닌 사람이 건축사와 공동으로 설립하고 20명 이상의 건축사가 속한 법인이 국토교통부령으로 정하는 건축물을 대상으로 법 제19조에 따른 업무를 수행하는 경우에는 그러하지 아니하다"고 규정하고 있다.

12 종합건설업 및 전문건설업과의 업무 내용 및 범위가 모호하여 발주자가 시설물 보수·보강공사 입찰참가자격을 복수로 공고하거나, 특정 업종에게만 입찰참가자격을 부여할 경우 업종 간의 다툼이 불가피해진다. 게다가 종합건설업종인 토목이나 건축공사업은 전문건설업종의 하나인 시설물 유지관리업보다 더 많은 기술자와 자본금을 요구하고 있다. 상대적으로 높은 등록기준을 보유하고 있는 종합건설업체가 그보다 낮은 등록기준(기술자 4인, 자본금 3억 원)을 요구하고 있는 시설물 유지관리업을 할 수 없는 것도 문제다. 한국건설산업연구원(2017), 〈차기 정부의 건설 및 주택정책 과제〉, pp.132~133.

13 적격심사제도의 이 같은 낙찰구조에 대해서는 이상호(2000.9), 최저가 낙찰제 도입 및 정착방안 연구, 한국건설산업연구원, pp.67~79에서 상세하게 설명하고 있다.

14 우리나라 입찰제도의 변천과정에 대해서는 이상호(2017), '입찰제도', 〈한국건설통사 VI〉, 대한건설협회, 한국건설산업연구원, pp.121~206 참조.

15 나경연(2018), "건설업 영업범위 선진화 방안", 〈건설생산체계 혁신〉, 한국건설산업연구원 세미나 자료집.

16 공공건설시장은 주로 토목공사 시장이다. 대한건설협회에 따르면 2017년 7월말 기준 토목공사업 등록 종합건설업체는 2,524개 사로 2005년 말 4,145개 사보다 39.1%(1,621개)나 줄었다. 같은 기간 토목건축공사업체도 11.7%(3,601→3,180개) 줄었고, 토목공사업과 건축공사업을 겸업하는 업체 수도 21.0%(854→675개) 감소했다. 건설경제신문 2017년 8월 25일자.

| 3장 | '분업과 전문화' 패러다임이 지배하고 있다

1   전문건설업 도입 이후 30년 만의 일반건설업과 전문건설업의 겸업허용에 대해 "건교부는 일반·전문건설업 간 겸업제한제도가 도입 초기에는 영세한 전문건설업체 보호에 기여한 측면이 있으나, 건설업체의 자율적 영업활동을 제약하여 건설산업의 경쟁력을 저하시키는 후진적인 칸막이 규제로 작용하고 있고, 이 같은 진입규제 아래서 부실 건설업체는 일정한 물량을 보장받아 시장에 잔류하고 있다는 인식이 제도개선 추진의 배경"이라고 했다. 네이버뉴스 2007년 4월 30일자.
2   한국건설산업연구원(2017), 〈차기정부의 건설 및 주택 정책과제〉, p.132.
3   전영준(2017), "규제개혁과 산업구조 혁신", 〈차기정부 건설·주택분야 정책 현안과 대응방향〉, 한국건설산업연구원 세미나 자료집, p.41.
4   허윤경(2018), 〈일본 임대주택 기업의 비즈니스 모델 분석〉, 한국건설산업연구원, pp.43~79.
5   한종훈(2016), "교과서에 없는 것은 직접 경험하면서 배워야 한다", 서울대학교 공과대학, 〈축적의 시간〉, 지식노마드. p.135.
6   아래에서 예시하고 있는 건설시공업종의 칸막이식 규제 사례는 최민수·나경연(2014), 〈시공 관련 건설업종의 일원화 및 통합 관리 방안〉, 한국건설산업연구원, pp.57~62 참조.
7   이정동(2015), "창조적 축적지향의 패러다임으로 바꾸어야 한다", 서울대학교 공과대학, 〈축적의 시간〉, 지식노마드, pp.23~56. 및 이정동(2017), 〈축적의 길〉, 지식노마드.
8   서울대학교 건설환경종합연구소(2017), 〈건설엔지니어링 업계의 포지션 및 역량 진단〉, 서울대학교 건설환경종합연구소 토론집 04, p.23.
9   WEF(May 2016), *op.cit.*, p.26.
10 〈ENR(Engineering News Record)〉, 각 연호.
11 한국 엔지니어링산업의 현황에 대한 자료는 한국엔지니어링협회·엔지니어링공제조합(2018.02), 〈2017엔지니어링산업백서〉에서 인용하였다.
12 한국엔지니어링협회·한국건설기술관리협회·글로벌인프라포럼(2016.9), 〈건설엔지니어링의 Global화를 위한 발전방안〉.
13 모든 보고서들이 이구동성으로 지적하고 있는 문제다. 한국엔지니어링협회(2014), 〈엔지니어링산업의 경쟁력 강화방안〉, pp.74~77. 한국엔지니어링협회·한국건설기술관리협회·글로벌인프라포럼(2016.9), 〈건설엔지니어링의 Global화를 위한 발전방안〉, 엔지니어링데일리 2016년 10월 14일자 등.

14 주요 적발사례를 보면 기가 막히다. 예컨대 ○○공단에서 2017년 7월에 입찰공고한 3건의 고속철도 교량 정밀 안전진단 용역의 경우, 20개 업체가 참여했는데 20개 업체 모두가 허위경력을 신고한 지자체·공기업의 퇴직 기술자를 이용하여 입찰에 참여했고, 입찰참여 기술자 140명 중 45명(32.1%)이 허위경력 신고자였다고 한다. 국무조정실 보도자료(2017.12.20.), 〈지자체·공기업 퇴직자 1,693명, 경력 부풀려 재취업하고 용역 따내〉.

15 엔지니어링데일리, 2017년 12월 22일자.

16 한국엔지니어링협회·엔지니어링공제조합(2018.02), 〈2017엔지니어링산업백서〉, p.64.

17 국가계약법 시행령 제68조에서는 "동일 구조물공사 및 단일공사로서 설계서 등에 의하여 전체 사업내용이 확정된 공사는 이를 시기적으로 분할하거나 공사량을 분할하여 계약할 수 없다"고 규정하고 있다. 다만, 예외적으로 "다른 법률에 의하여 다른 업종의 공사와 분리발주할 수 있도록 규정된 공사(전기·통신공사), 공사의 성질이나 규모 등에 비추어 분할시공함이 효율적인 공사, 하자책임구분이 용이하고 공정관리에 지장이 없는 공사로서 분리 시공하는 것이 효율적이라고 인정되는 공사"는 허용하는 것으로 되어 있다.

18 감사원(2012), 〈공동도급제도 운용실태〉.

19 적게는 53%대, 많게는 58%대까지였다. 2016년의 외주비 비중은 54.8%였다. 대한건설협회(2017), 〈완성공사 원가통계〉, 각 년도(2007~2016).

20 전영준(2018), "건설하도급 규제개선 방안", 〈건설 생산체계 혁신〉, 한국건설산업연구원 세미나 자료집.

21 국토교통부(2018.01.03.), 〈2018년 업무계획〉.

22 나경연·최은정(2017), 〈중소건설업 시장구조 분석〉, 한국건설산업연구원.

23 종합건설업체의 영업이익률은 주택경기의 호황에 힘입어 2016년에 4.5%를 기록했지만, 그 이전에는 0.7~2.9% 수준에 그쳤다. 하지만 전문건설업체의 영업이익율은 3.0%(2012)에서 해마다 꾸준히 늘어나 2016년에는 4.6%를 기록했다. 한국은행, 〈기업경영분석〉, 각 년도(2012~2016).

24 분리발주 요구의 핵심도 여기에 있다. 하도급을 받던 전문공사업자들이 원도급자가 되면, 적격심사제도에서 제도적으로 보장된 낙찰률이 적용된다. 그 결과 전체 공사비는 올라갈 수밖에 없다.

25 2015년 서울시 하도급 부조리 신고센터에 신고된 공사대금 문제 중 93%가 하도급자에서 발생했고, 원도급자에서 발생한 문제는 6%에 불과했다. '공공발주자-원도급자-하도급자-자재 및 장비업자와 건설근로자'로 이어지는 생산체계에서 체불 문제의 대

부분은 하도급자와 그 아랫단계에서 발생했던 것이다. 하지만 아직도 우리 건설산업 규제의 대부분 원도급자와 하도급자 관계에만 초점을 맞추고 있고, 그 아래로 내려가지 못하고 있다.

26 1996년 '건설산업기본법'을 제정하면서 일반건설과 전문건설업으로 구분했고, 2007년에 동 법률을 개정하면서 건설업의 종류를 종합공사를 시공하는 업종과 전문공사를 시공하는 업종으로 구분하면서부터 일반건설업체 대신 종합건설업체라는 용어가 사용되었다.

27 엔지니어링(Engineering) 업무의 범주는 기자재 제작이나 시설물의 시공을 제외한 건설사업의 사업타당성 검토, 기본계획, 기본설계 및 상세설계, 구매조달, 검사·감리, 시운전 및 유지보수에 이르는 업무 등을 모두 포함한다.

28 일반적인 플랜트 공사에서는 엔지니어링 비중이 10%, 구매조달이 60%, 시공이 30%로 구매조달 비중이 가장 크다.

29 https://www.bechtel.com

30 Bechtel(2017), *The Bechtel Report 2017*, p.3.

31 미국의 건설 관련 저널인 〈ENR(Engineering News Record)〉에서는 벡텔 같은 회사의 유형을 'EC업체(Engineering & Construction Company)'로 분류하고 있다.

32 우리 대형 건설업체들이 '종합화(EC화)'를 오랫동안 주창해 왔지만, EC업체가 대기업이라는 뜻은 아니다. EC업체는 기업의 규모와는 직접적인 관계가 없다. 그보다는 건설생산과정의 역할 분담 내지 프로세스 관점에서 보아야 한다. 벡텔과 같은 대기업도 있지만, 아웃소싱이나 사업관리 등을 통해 신축적으로 사업에 참여하거나 파트너십 또는 컨소시엄을 통해 생산역량을 확보하는 사례도 많다. 따라서 EC화는 건설업체의 프로세스 관리역량과 엔지니어링과 시공의 통합역량이란 관점에서 이해할 필요가 있다. 장현승·이복남(2008), 〈한국 건설기업의 글로벌 EC화 전략〉, 한국건설산업연구원, pp.8~9.

33 해외에서는 플랜트공사의 발주 자체가 E-P-C를 포괄해서 이루어지기 때문에 플랜트업체들도 엔지니어링업체와의 합병 등을 통해 EPC업체로 성장했다.

34 우리나라에서 관행적으로 '턴키'라고 불러온 설계·시공 일괄입찰 및 대안입찰 공사의 비중은 1997년에 공공공사의 28% 수준으로 늘었다가 설계심의 투명성 문제 등으로 인해 1998년부터는 10%대 후반에서 20%대 초반 수준으로 줄었다. 최근에도 다소 줄어드는 추세인데 2016년 발주 금액은 7.1조 원으로 전체 공공공사 발주의 17.4%를 차지했다. 이상호(1998), 〈턴키 내실화를 위한 제도개선 방안 연구〉, 건설교통부·한국건설산업연구원 및 한국건설산업연구원(2018), 〈턴키 발주방식의 성과평가에 관한 연구〉.

35 2009년 한국철도시설공단에서 발주한 호남고속철도 19개 공구도 10km를 기준으로 발주가 이루어졌다. 한국철도시설공단(2016), 〈호남고속철도건설사(I)〉, pp.204~205.
36 유위성 외(2016), 〈공사용 자재 직접구매제도 개선 방안 연구〉, 한국건설산업연구원, pp.23~33.

PART 4
한국 건설산업의 새로운 미래

| 1장 | 건설산업의 패러다임을 바꿔라

1 WEF(May 2016), *op.cit.*, p.44.
2 MGI(Feb. 2017), *op.cit.*, pp.66~67.
3 최근 한국경제를 생태계적 관점에서 연구하는 학자들이 늘어나고 있다. 한국경제의 병든 생태계를 고치기 위한 방안으로 "경제 내부 구조상의 칸막이를 철폐해야 하며, 경제생태계의 건강성을 저해하는 각종 규제를 털어내야 한다"고 주장하고 있다. NEAR재단 편저(2017), 〈한국의 경제생태계〉, 21세기북스, pp.29~30.

| 2장 | 정부, 스마트한 일류 발주자가 되라

1 김한수·한미파슨스(2006), 〈발주자가 변하지 않고는 건설산업의 미래는 없다〉, 보문당.
2 이상호·한미파슨스(2007), 〈일류 발주자가 일등 건설산업 만든다〉, 보문당.
3 2015년 공공수주실적은 44.7조 원, 2016년에는 47.4조 원을 기록했다. 이홍일·박철한(2017), "2018년 건설경기전망", 〈2018년 건설.부동산 경기전망〉, 한국건설산업연구원 세미나 자료집.
4 IPA(March 2016), *Government Construction Strategy 2016~20*.
5 싱가포르는 2000년대 중반부터 정부가 건설 생산성 향상을 주도했다. MGI(Feb. 2017), *op.cit.*, p.150.
6 MGI(Feb. 2017), *op.cit.*, p.33 및 p.113.
7 우리나라에서 과거 제조업, 통신업, 금융업에서도 '공업발전법(현재의 '산업발전

법'), '전기통신사업법' 및 '자본시장통합법' 제정을 통하여 일원화된 규제체계를 마련한 사례가 있다. 한국건설산업연구원(2017), 〈차기 정부의 건설 및 주택정책 과제〉, pp.127~131.
8 건설교통부(1999), 〈공공건설사업 효율화 종합대책(1999~2002)〉.
9 건설기술·건축문화선진화위원회(2006), 〈건설기술·건축문화 선진화전략〉.
10 건설산업선진화위원회(2009), 〈건설산업 선진화 방안〉.
11 영국의 건설산업 혁신운동은 20년이 넘도록 민관 합동기구(거버넌스)를 통해 추진되어 왔다. 건설 선진국 중에서 정부주도로 운영하는 나라는 싱가포르 정도인데, 싱가포르는 오랫동안 정권 교체가 없는 나라라는 독특한 역사적 배경과 연관된다. 하지만 싱가포르도 건설정책을 수립하는 과정에서는 민간의 의견을 충분히 수렴하는 절차를 거친다.

| 3장 | 건설업체, 디지털 전환을 서둘러 추진하라

1 MGI(Feb. 2017), *op.cit.*, pp.45~46.
2 최석인 외(2017), 〈미국 건설시장 동향과 진출전략〉, 한국건설산업연구원, pp.6~33.
3 Virgin Media Business with Oxford Economics(2016), *The UK's £92Bn Digital Opportunity*.
4 Carls Gagliard(May 2017), *Digital transformation in the construction and engineering industry*. pwc.blogs.com.
5 한국고용정보원 보도자료(2018년 2월 1일자), 〈직업인 10명 중 1명 "업무에 4차 산업혁명 핵심 기술 활용〉.
6 마이클 J. 스펜돌리니, 황태호 옮김(1993), 〈벤치마킹 & 기업경쟁력〉, 김영사, p.33.
7 우리나라의 벤치마킹은 대부분의 경우 모방이나 복제 수준에도 미치지 못했다고 본다. 프로세스나 조직 구조 및 문화보다는 최종 제품이나 성과물을 비교 검토하거나, 모방하고자 하는 부분만 일부 골라서 따오는 식에 그쳤기 때문이다. 벤치마킹 대상보다 더 나은 성과를 창출해야 하는데 벤치마킹이란 이름으로 모방하면서 쫓아가겠다는 식으로는 일류 기업이 될 수 없다.
8 UBS White Paper for the World Economic Forum(Jan. 2016), *Extreme automation and connectivity: The global, regional, and investment implications of the Fourth Industrial Revolution*. p.25. 5가지 기준 가운데 우리나라는 특히 노동시장의 유연성과 법적 보호 수준에서 낮은 점수를 받았다.

4차 산업혁명
건설산업의
새로운 미래

1판 1쇄 발행 2018년 4월 9일
1판 5쇄 발행 2020년 6월 10일

지은이 이상호(한국건설산업연구원장)

발행인 양원석
편집장 최두은
영업마케팅 양정길, 강효경
펴낸 곳 ㈜알에이치코리아
주소 서울시 금천구 가산디지털2로 53, 20층 (가산동, 한라시그마밸리)
편집문의 02-6443-8844   **구입문의** 02-6443-8838
홈페이지 http://rhk.co.kr
등록 2004년 1월 15일 제2-3726호

ⓒ이상호, 2018, Printed in Seoul, Korea

ISBN 978-89-255-6360-2 (13320)

※ 이 책은 ㈜알에이치코리아가 저작권자와의 계약에 따라 발행한 것이므로
   본사의 서면 허락 없이는 어떠한 형태나 수단으로도 이 책의 내용을 이용하지 못합니다.
※ 잘못된 책은 구입하신 서점에서 바꾸어 드립니다.
※ 책값은 뒤표지에 있습니다.